Alena Wagnerová erzählt hier die wechselvolle Geschichte von drei Generationen der Familie Kafka. Dabei läßt sie jenen Gerechtigkeit widerfahren, die nur eine schwache, kaum erkennbare Lebensspur hinterlassen haben – den Eltern und den Schwestern Franz Kafkas. Ein neuer Blick fällt damit aber auch auf Kafka selbst, der 1913 seinem Tagebuch anvertraute, vor seinen Schwestern oft ein ganz anderer Mensch zu sein: »furchtlos, mächtig, überraschend, ergriffen wie sonst nur beim Schreiben.« Vieles von der Rätselhaftigkeit, die den Schriftsteller und sein Werk bis heute umgibt, wird erst verständlich vor dem Hintergrund eines jüdischen Prager Familienalltags und einer Lebenswelt, die von den Nazis in den Untergang getrieben wurde – Spuren nur noch in Texten, Bildern und Büchern hinterlassend.

Alena Wagnerová, 1936 in Brünn, Tschechoslowakei, geboren, lebt seit 1969 als freie Publizistin und Schriftstellerin in Saarbrücken.
Im Fischer Taschenbuch Verlag liegen außerdem vor: ›Milena Jesenská. Biographie‹ (Bd. 13258) sowie ›»Ich hätte zu antworten tage- und nächtelang«. Die Briefe von Milena‹ (Bd. 13913).
Siehe auch: Rainer Stach ›Franz Kafka. Die Jahre der Entscheidung‹ (S. Fischer Verlag 2002).

Alena Wagnerová

Die Familie Kafka aus Prag

Fischer Taschenbuch Verlag

2. Auflage: Juni 2003

Ungekürzte Ausgabe
Veröffentlicht im Fischer Taschenbuch Verlag,
einem Unternehmen der S. Fischer Verlag GmbH,
Frankfurt am Main, Februar 2001

Lizenzausgabe mit Genehmigung des Bollmann Verlag GmbH, Köln
Die Originalausgabe erschien unter dem Titel:
›»Im Hauptquartier des Lärms«. Die Familie Kafka aus Prag‹

Druck und Bindung: Clausen & Bosse, Leck
Printed in Germany
ISBN 3-596-14355-1

In Erinnerung an die streitbare Literaturwissenschaftlerin
Margarita Pazi, geb. Guttmann

Inhalt

Ich will schreiben mit einem ständigen Zittern auf der Stirn. Ich sitze in meinem Zimmer im Hauptquartier des Lärms der ganzen Wohnung. Alle Türen höre ich schlagen, durch ihren Lärm bleiben mir nur die Schritte der zwischen ihnen Laufenden erspart, noch das Zuklappen der Herdtüre in der Küche höre ich. Der Vater durchbricht die Türen meines Zimmers und zieht im nachschleppenden Schlafrock durch, aus dem Ofen im Nebenzimmer wird die Asche gekratzt, Valli fragt durch das Vorzimmer wie durch eine Pariser Gasse ins Unbestimmte rufend ob denn des Vaters Hut schon geputzt ist, ein Zischen, das mir befreundet sein will, erhebt das Geschrei einer antwortenden Stimme. Die Wohnungstüre wird aufgeklinkt und lärmt wie aus katarrhalischem Hals, öffnet sich dann weiterhin mit dem kurzen Singen einer Frauenstimme und schließt sich mit einem dumpfen männlichen Ruck, der sich am rücksichtslosesten anhört. Der Vater ist weg, jetzt beginnt der zartere zerstreutere hoffnungslosere Lärm, von den Stimmen der zwei Kanarienvögel angeführt. Schon früher dachte ich daran, bei den Kanarienvögeln fällt es mir aber von neuem ein, ob ich nicht die Türe bis zu einer kleinen Spalte öffnen, schlangengleich ins Nebenzimmer kriechen und so auf dem Boden meine Schwestern und ihr Fräulein um Ruhe bitten sollte.*

* Franz Kafka, Tagebucheintragung vom 5.11.1911

Vorwort

Das vorliegende Buch will nicht mehr sein und kann auch nicht mehr sein als eine Annäherung an das Leben von drei Generationen der Familie Kafka. Es will nicht mehr sein in der Überzeugung, daß wir uns dem Leben eines anderen Menschen immer nur nähern, seinen Weg aufzeichnen, aber es nie ganz erfassen oder restlos erklären können. Die letzten Gründe bleiben unveräußerlich.

Dieses Buch *kann* allerdings auch nicht mehr als eine Annäherung an das Leben dieser ganz gewöhnlichen und in ihrer Entwicklung sehr typischen jüdischen Familie aus Böhmen sein, aus deren Mitte einer der größten Schriftsteller der modernen deutschen Literatur hervorging. Denn der Schatten des Holocaust liegt auch über ihrer Geschichte. Vieles, was in der familiären Überlieferung sonst erhalten geblieben wäre, konnte nicht mehr erzählt werden; das Gedächtnis wurde schon vorher gewaltsam ausgelöscht. Gehört das Vergessen auch zur natürlichen Ordnung der Welt, so blieb hier nicht einmal dazu die Zeit. Mindestens zwanzig Jahre ihres Lebens wurden den Schwestern Franz Kafkas geraubt. Und sie waren in der Familie nicht die einzigen, die der nationalsozialistischen Tötungsmaschinerie nicht entgingen.

Angesichts dieses Feldzuges der Vernichtung bekommen auch ganz gewöhnliche, »normale« Leben den Rang von Schicksalen und an sich unbedeutende Details und Marginalien, die sonst vielleicht nicht erwähnenswert wären, den Stellenwert zu erhaltender Spuren. Ausgelöscht wurden allerdings nicht nur Gedächtnisse, untergegangen ist auch die Erfahrung des jüdischen Alltagslebens von »nebenan«, wie es vor dem Krieg in Europa gang und gäbe war. Dieser Verlust der Selbstverständlichkeit der jüdischen Existenz, die Unmöglichkeit, sie als Realität zu erfahren, hat sicherlich auch die Kafka-Rezeption beeinflußt und die Entstehung des »Mythos Kafka« gefördert. Mit großer Wahrscheinlichkeit spielten dabei auch subtile und komplizierte Verdrängungsmechanismen eine Rolle. In diesem Sinne ist dieses Buch auch ein Versuch, die verlorengegangene Normalität zu rekonstruieren.

Standen bislang Leben und Werk Franz Kafkas im Mittelpunkt der Aufmerksamkeit, während die anderen, sozusagen »unbedeutenden« Mitglieder der Familie nur insoweit interessant waren, als Realien aus ihrem Leben zur Erklärung und Interpretation seines Werkes beitragen konnten, so wird in diesem Buch eine geradezu entgegengesetzte Perspektive gewählt: die Familie, die Unbedeutenden, werden hier im Zentrum, Franz Kafka nur am Rande der Aufmerksamkeit stehen. Auch sein Werk, insbesondere die Tagebücher und Briefe, sind für dieses Vorhaben nur als Quelle über das Leben der Familie und ihrer Mitglieder interessant. Daß mit der Wahl dieser Sichtweise eine leise Kritik an der durch männliche Maßstäbe stark geprägten Kafkaforschung mit ihrer Voranstellung der Kunst gegenüber dem Leben geübt wird, als wäre das Erste primär, das Zweite nur etwas Nebensächliches, soll nicht verheimlicht werden. Viel zu oft mischten in der Würdigung des Werkes auch Männerphantasien mit, die Frauen wurden zu bloßen Spiegelflächen der dichterischen Existenz degradiert, als hätte ihr Leben erst dadurch eine Sinngebung erfahren.

Zweifellos litt Franz Kafka an seiner Familie, doch litt die Familie andererseits auch an ihm. Hatte er sich gerade in dem, was für ihn im Leben das Wichtigste war, dem Schreiben, unverstanden gefühlt, so mußten wiederum seine Eltern und insbesondere der Vater seine Weigerung, die mittelständischen

Vorstellungen von gesellschaftlichem Aufstieg und Erfolg zu erfüllen, als eine Enttäuschung erleben. Daß die Verfeinerung der Wahrnehmung der Welt, die Intellektualität und Sensibilität seines ältesten und einzigen Sohnes eine neue qualitative Stufe im Aufstieg der Familie darstellte, lag außerhalb des Fassungsvermögens von Hermann Kafka. Damit wird er zu einer beinahe tragischen Figur. Wie grundsätzlich aber der Dissens in den Lebensentwürfen auch war und die Familie belastete, die Bemühungen um eine, und sei es partielle, Verständigung wurden nie aufgegeben und ohne große Aussicht auf Erfolg von beiden Seiten wiederholt. In dieser Auseinandersetzung, die die Zusammengehörigkeit immer wieder unter Beweis stellte, liegt das eigentliche Drama der Familie Kafka. Denn man hätte den Konflikt auch anders lösen können.

Wie weit Franz Kafka sich auch von seiner Familie geistig entfernte, sie blieb für ihn doch ein Hort, das Hauptquartier des Lebens eben, wenn auch ein »Hauptquartier des Lärms«. Ohne diesen »Lärm« aber wäre sein Werk ein anderes geworden. Obwohl er als Sohn die Erwartungen seiner Eltern enttäuschte, blieb Franz Kafka für sie bis zuletzt ihr Kind, dem sie Sorge und Pflege angedeihen ließen und die Hilfe nie verweigerten. In diesem Sinne ist dieses Buch auch ein Versuch, die Familie vor allzu schnellen und einseitigen Interpretationen, die ihr gerne den Part des Schuldigen zuschreiben, in Schutz zu nehmen. Das Wesen der familiären Beziehungen liegt in ihrer Ambivalenz.

Einem aufmerksamen Leser wird nicht entgehen, daß diese Darstellung in einer Reihe von Einzelheiten, insbesondere was die Herkunft, Kindheit und Jugend Hermann Kafkas anbelangt, von dem bisherigen biographischen »Kanon« der Kafka-Forschung abweicht, wie ihn Hartmut Binder und Klaus Wagenbach mit ihren Arbeiten festgelegt hatten und Ernst Pawel ihn in seiner Biographie übernahm. Diese neuen Deutungen stützen sich auf bisher unbeachtetes und unbekanntes Material oder übersehene Details. Nur in den wenigsten Fällen mache ich im Text auf diese Differenzen aufmerksam, da ich den Eindruck einer Polemik vermeiden wollte; denn trotz dieser Differenzen baut auch dieses Buch auf den erwähnten biographischen Arbeiten auf. Man sollte in diesem Zusammenhang nicht vergessen, daß sie noch unter den anormalen Bedingungen des geteilten Europas entstanden sind, was mitunter nicht ohne Einfluß auf ihre Optik geblieben ist. Wenn auch die Kafka-Forschung in diesen Jahren eine wichtige Brücke darstellte, die das Bewußtsein der kulturellen Zusammengehörigkeit des Kontinents gegen die Grenzziehungen der Politik aufrechterhielt, so konnte sich die Forschung den Folgen der geopolitischen Lage, die das alte Mitteleuropa in die »andere Hälfte der Welt« entrückten und fremd werden ließen, nicht ganz entziehen. In diesem interpretatorischen Sinn kann die Familie Kafka erst heute in ihre böhmische Lebenswelt ganz zurückkehren. Das Kapitel der Kafka-Rezeption in der Zeit des geteilten Europas wird noch zu schreiben sein.

Zurückversetzt in ihren angestammten sozialpsychologischen Kontext, verlieren auch manche Äußerungen Kafkas zu seiner Familie den Rang objektiver Wahrheiten, den sie in der Nachkriegsrezeption vielfach – und anders als bei Max Brod – bekamen, und werden wieder zu dem, was sie sind: Notate eines subjektiven Erlebens von Situationen, Begebenheiten und Beziehungen, an welchen er selbst mitbeteiligt war.

Wie immer bei solchen Vorhaben, war auch ich auf Hilfe von Einzelpersonen und Institutionen angewiesen. An erster Stelle gebührt mein Dank Marianne Steiner, der ältesten heute lebenden Nichte Franz Kafkas, die immer wieder bereit war, den unerschöpflichen Fundus ihrer Kenntnisse und Erinnerungen mit mir zu teilen. Die gleiche Offenheit erfuhr ich auch bei Hans Gerd Koch, dem Mitherausgeber der kritischen Ausgabe des Werkes von Franz Kafka. Weiter möchte ich Petr Brod, Hana Burešová, Josef Čermák, Ondřej Fibich, Valerie Fuchs, Věra Hájková, Pavel Himl, Petr Hofman, Marie Hostičková, Vilma Iggers, Anna Maria Jokl, Karlheinz Köhler, Kurt Krolop, Jan Kotalík, Lenka Matušíková, Vlasta Měšťánková, Anthony Northey, Leopoldine Pick, Marie Pluhařová, Jiří Rychetský, Hans Hanuš Sladký, Reiner Stach, Vladimir Waage, Katja Wagenbach und Klaus Wagenbach für ihre Hilfe danken. Dankbar denke ich auch an die Jahre zurückliegende Begegnung mit Helena Kostrouchová, geb. Davidová.

Von den Institutionen möchte ich mit Dank nennen: Ustřední státní archiv (Staatliches Zentralarchiv) in Prag, Literaturarchiv des Schiller-Nationalmuseums in Marbach, Literární archiv Památníku českého písemnictví (Literaturarchiv des Denkmals des tschechischen Schrifttums), Muzeum Města Prahy (Museum der Stadt Prag), Archiv Města Prahy (Archiv der Stadt Prag), Historický ústav armády (Institut für Militärgeschichte), Židovské muzeum (Jüdisches Museum) und Židovskou obec (Jüdische Gemeinde) in Prag sowie auch das Gemeindeamt in Osek.

I

Räume und Orte

Der Himmel über Osek

Seine Kindheit in Osek* pflegte Hermann Kafka in recht düsteren Farben zu schildern. Schon als Zehnjähriger mußte er »auch im Winter und sehr früh am Morgen ein Wägelchen durch die Dörfer schieben«[1] und bei der Kundschaft in der ganzen Umgebung das bestellte Fleisch abliefern. Er und seine fünf Geschwister mußten in einem Zimmer schlafen; häufig litten sie unter Hunger, zum Essen gab es meistens nur Kartoffeln. Jahrelang hatte er – so immer der Höhepunkt seiner Erzählungen – im Winter Frostbeulen an den Beinen, weil er ungenügend gekleidet war. Von Hermann Kafkas Geschwistern stimmte nur die drei Jahre jüngere Julie in den Chor seiner Klagen gerne ein: »Sie wurde mit zehn Jahren als Köchin vermietet. Da mußte sie bei großer Kälte in einem nassen Rock um etwas laufen, die Haut an den Beinen sprang ihr, das Röckchen gefror und trocknete erst abends im Bett.«[2]

Solche Geschichten mögen den heutigen Leser und sogar manchen Forscher erschrecken. Doch zeichnete Hermann Kafka in seiner Schilderung keineswegs das Bild einer außergewöhnlichen Armut, sondern eher die Normalität des Alltags der Mehrheit der Landbevölkerung zu dieser Zeit. Fast alle Dorfkinder schliefen damals in einem Zimmer, in der Regel noch zu zweit oder zu dritt in einem Bett. Ein Bett, gar ein Zimmer für sich allein zu haben, war einfach unvorstellbar angesichts der engen Wohnverhältnisse auf dem Lande, wo die meisten Wohnungen sowieso nur aus ein, zwei Räumen be-

*Der Name wird auch Wossek, Wohsek und Ossek geschrieben. Der Text folgt der tschechischen Schreibweise Osek.

standen. Wo hätte man auch die Betten hinstellen sollen für die sieben, acht Kinder, die damals keine Seltenheit waren? Auch daß die Kinder schon im zarten Alter ihren Eltern helfen mußten, galt als selbstverständlich und war eine ökonomische Notwendigkeit und keine drakonische Maßnahme etwa zur körperlichen Ertüchtigung der jungen Generation. Genauso waren Kartoffeln das Hauptnahrungsmittel der Dorfbevölkerung, und man war froh, wenn es genug davon gab.

Der zehnjährige Hermann mit einem Handwagen von Dorf zu Dorf unterwegs war also in den sechziger Jahren des vergangenen Jahrhunderts auf dem Lande keine ungewöhnliche Erscheinung. Wie sich das Kind unter dem unendlichen Himmel auf den nie enden wollenden, mal staubigen, mal schlammigen Wegen fühlte, wie sehr ihm manchmal die Füße wehtaten, steht auf einem anderen Blatt.

Man kann allerdings kaum glauben, daß die Kindheit des kleinen Hermann nur aus solchen Erlebnissen bestanden haben soll, wie sie in den Briefen und Tagebüchern des Sohnes überliefert sind. Denn wie bescheiden das Leben der Dorfjuden auch war, es erschöpfte sich doch nicht in Plage und Arbeit. Auch aus dem Satz Julie Kafkas in ihrem Bericht über die Familie[3], daß ihre Schwiegermutter, eine »zarte und fleißige Frau«, wie sie schreibt, »ihre Kinder trotz aller Mühe und Plage gut erzog« und sie das einzige Glück in ihrem Leben waren, läßt sich heraushören, daß im Elternhaus von Hermann Kafka auch anderes gelebt wurde als nur der harte Arbeitsalltag. Dafür genügt, sich den Kalender der jüdischen Feiertage anzuschauen, die von den Juden auf dem Lande zu dieser Zeit streng eingehalten und feierlich begangen wurden. Sie waren zwar arm, aber nicht ohne Lebensstil.

Schon der sich jede Woche wiederholende Sabbat bedeutete eine Unterbrechung der alltäglichen Routine. Die hausierenden Väter, die die ganze Woche unterwegs waren, kehrten freitags bereits am frühen Nachmittag zurück. Zu Hause waren inzwischen die Vorbereitungen auf den Feiertag, der mit dem Anzünden der Kerzen am Freitagabend begann, in vollem Gange. Das Essen für den nächsten Tag mußte vorbereitet, das Haus geputzt, vor dem Haus gefegt werden. Dann wusch sich die ganze Familie und zog die festlichen Kleider an. Zur Atmosphäre der Sabbatvorbereitungen gehörte aber auch der penetrante Geruch des Oliums, einer aus gelöschtem Kalk und Schwefelarsenik bestehenden Salbe, mit der sich die Männer »balbierten«, das heißt mit Hilfe der erwärmten Paste das Barthaar von den Wangen lösten und dann mit einem Holzmesser abschabten; denn ein metallenes Rassiermesser durfte ein gläubiger Jude nicht benutzen. Zum Sabbat gehörten die vorgeschriebenen Gebete und der Gang in die Synagoge bzw. die Betstube genauso wie das bessere Essen – in den meisten Familien kam nur an diesem Tag Fleisch auf den Tisch –, die Verwandschaftsbesuche oder die »Schabbesgoite«, die Samstagdienerin – eine christliche Frau, die in den Familien, die sich kein Dienstmädchen leisten konnten, bestimmte notwendige, den Juden an diesem Tag untersagte Arbeiten verrichtete (»šábesovala«, wie man tschechisch sagte) und dafür entlohnt wurde. Am Nachmittag setzte sich dann der Vater an den Tisch und bemühte sich, bei der Lektüre des Chumesch, der fünf Bücher Moses, seinen Söhnen das Hebräische beizubringen. Neben dem allwöchentlichen Sabbat gab es aber noch eine Reihe von Festtagen des jüdischen Jahreszyklus, wovon Pessach mit den Matzen, Chanukka, das Fest der Lichter – die jüdische Weihnacht –, und Sukkot, das Laubhüttenfest, bei den Kindern besonders beliebt waren. Feierlich begangen wurde auch Jom Kippur mit seinem Wechsel zwischen dem üppigen Essen am Vorabend und strengem Fasten am darauffolgenden Tag.

Alle diese Feste wurden sicherlich auch bei der Familie Kafka in Osek gefeiert. Bei der Dichte des Nebeneinanders in der Judengasse war es nicht möglich, daß sich jemand den jüdischen Bräuchen entzog. Und es bestand auch kein Grund dazu. Man kann sich kaum vorstellen, daß Hermann Kafka als kleiner Bub nie aus grünen Zweigen die Laubhütte gebaut haben soll, in der die Familie dann sieben Tage hintereinander aß. Erzählt hat er aber von diesen lichten Seiten des jüdischen Lebens auf dem Dorf wohl nicht. Warum?

Sicherlich verfolgte Hermann Kafka mit der oft wiederholten Schilderung seiner schweren Kindheit einen sozusagen »pädadogischen Zweck«. Nach der üblichen Elternart wollte er damit seinen Kindern vor Augen führen, wie gut sie es hätten – dank ihm. Seine Leistung wollte er gewürdigt sehen und dafür Dankbarkeit, Anerkennung, Liebe und Gehorsam ernten. So hatte sich Hermann Kafka wohl die Wirkung seines Klageliedes vorgestellt. Erreicht hat er damit, wie wir im Tagebuch seines Sohnes nachlesen können, gerade das Gegenteil:

> Unangenehm ist es, zuzuhören, wenn der Vater mit unaufhörlichen Seitenhieben auf die glückliche Lage der Zeitgenossen und vor allem seiner Kinder von den Leiden erzählt, die er in seiner Jugend auszustehen hatte. Niemand leugnet es, daß er jahrelang infolge ungenügender Winterkleidung offene Wunden an den Beinen hatte, daß er häufig gehungert hat, daß er schon mit 10 Jahren ein Wägelchen [...] durch die Dörfer schieben mußte – nur erlauben, was er nicht verstehen will, diese richtigen Tatsachen im Vergleich mit der weiteren richtigen Tatsache, daß ich das alles nicht erlitten habe, nicht den geringsten Schluß darauf, daß ich glücklicher gewesen bin als er, daß er sich wegen dieser Wunden an den Beinen überheben darf, daß er von allem Anfang an annimmt und behauptet, daß ich seine damaligen Leiden nicht würdigen kann und daß ich ihm schließ-

lich gerade deshalb, weil ich nicht die gleichen Leiden hatte, grenzenlos dankbar sein muß. Wie gerne würde ich zuhören, wenn er ununterbrochen von seiner Jugend und seinen Eltern erzählen würde, aber alles dies im Tone der Prahlerei und des Zankens anzuhören, ist quälend. Immer wieder schlägt er die Hände zusammen: »Wer weiß das heute! Was wissen die Kinder! Das hat niemand gelitten! Versteht das heute ein Kind!«[4]

Der pädagogische Zweck, den Hermann Kafka mit der negativen Schilderung seiner Kindheit verfolgte, liefert allerdings nur eine Teilerklärung. Zweifellos war für ihn seine Kindheit auf dem Land auch viel zu unbedeutend und nichtig im Vergleich mit den Aufstiegsmöglichkeiten, die ihm die Stadt bot. Als etwas Wertloses war sie ihm entrückt, und sehr wahrscheinlich schämte er sich auch für sie. Wie gerne hätte er sie wohl gegen eine andere, standesgemäßere Kindheit eingetauscht! Sie zu verdrängen blieb die einzige Möglichkeit für ihn. Nur negativ besetzt konnte sie als Ansporn und Motivation zum weiteren Aufstieg dienen.

In der Tat war der Sprung zwischen der traditionellen Welt des Dorfes und der dem Industriezeitalter entgegenfiebernden Stadt viel zu groß, um ohne weiteres verkraftet zu werden. Hätte sich Hermann Kafka als Kind überhaupt vorstellen können, daß er einmal seinen Urlaub in Franzensbad oder auf Norderney verbringen würde? Selbst der zehn Jahre jüngere Vojtěch Rakous*, der das Thema der Dorfjuden für die tschechische Literatur entdeckte, brauchte einige Jahre, bis er begriff, daß in seiner Kindheit ein literarischer Stoff verborgen lag.

Erst gegenüber seinen (in der Stadt geborenen) Enkeln hätten Hermann Kafkas Erinnerungen an die Kindheit auf dem Lande eine Aufwertung erfahren können. Ob er wenigstens dem Enkel Felix von seiner Kindheit erzählte?

Es entbehrt nicht der Ironie, daß Franz Kafka, für den die

*Vojtěch Rakous, geboren als Adalbert Östreicher (1862–1935), zuerst Hausierer, später Getreidehändler und Inhaber eines Schuhgeschäftes in Prag, Journalist und Publizist, Autor von witzigen, literarisch interessanten und soziologisch wertvollen Kurzgeschichten aus dem Leben der Dorfjuden und Verfechter der tschechischen Orientierung des böhmischen Judentums.

Begegnung mit dem Ostjudentum eines der tiefsten Erlebnisse seines Lebens war, in seinem Vater den Repräsentanten einer anderen originären jüdischen Gruppe, derjenigen des böhmischen Dorfjudentums, verfehlte.

Die böhmischen Dorfjuden

Die Dorfjuden stellten unter der jüdischen Bevölkerung in Böhmen und Mähren eine besondere soziale Gruppe dar, die sich in ihrer an die dörfliche Umgebung angepaßten Lebensweise von der städtischen jüdischen Bevölkerung unterschied. Entstanden ist das Dorfjudentum in der Zeit nach dem Dreißigjährigen Krieg, als weite Teile von Böhmen und Mähren entvölkert und verwüstet waren; man geht davon aus, daß die Zahl der Bewohner Böhmens damals auf ein Drittel des Standes vor 1618 zurückgegangen war. Um die darniederliegende Wirtschaft wieder zu beleben und die zerstörte Infrastruktur zu erneuern, begann der Adel auf seinen Gütern und in den halbverlassenen herrschaftlichen Dörfern Juden anzusiedeln. Neben der einheimischen jüdischen Bevölkerung waren es vor allem Juden aus Polen und Wien, die sich damals in Böhmen niederließen bzw. hier nach Niederlassungsmöglichkeiten suchten.[1]

Die jüdische Bevölkerung mit ihrer Erfahrung in Handel und Gewerbe brachte auf dem Lande eine Art lebendiger Infrastruktur hervor und erwies sich bald als unentbehrlich für den Warenaustausch zwischen Stadt und Land. Die jüdischen Händler sorgten nicht nur für den Absatz der Produkte der herrschaftlichen Güter, sie kauften auch bäuerliche Erzeugnisse, insbesondere Getreide, Federn und Felle, und belieferten die Bauern wiederum mit Waren, die diese nicht selbst produzierten, wie etwa Textilien. Auch bei der Rohstoffbeschaffung waren ihre weitverzweigten Handelsbeziehungen von großer Bedeutung. Von seinen jüdischen Untertanen profitierte der Adel gleich auf zweifache Weise: Einerseits erhöhten die Wiederbelebung des wirtschaftlichen Kreislaufs und der verbesserte Absatz der landwirtschaftlichen Produkte den Ertrag der herrschaftlichen Dominien. Andererseits stellte die Vielzahl besonderer Steuern, die die Juden entrichten mußten, für den Adel eine wichtige Einnahmequelle dar, auf die er nicht verzichten wollte. Auch verfügten fast ausschließlich Juden über genügend Geldmittel, um die herrschaftlichen Brauereien, Branntweinbrennereien und Pottaschesiedereien zu pachten.

Wegen dieser wirtschaftlichen Vorteile trat der Adel als eine Art Schutzmacht der Juden gegen die Tendenzen auf, den überproportional schnell wachsenden jüdischen Bevölkerungsanteil etwa durch Ausweisungen ›zu reduzieren‹. Diese antijüdische Position vertraten neben der Krone vor allem die Repräsentanten der Städte, die sich gegen den Zuzug der Juden zur Wehr setzten. Auch hier waren wirtschaftliche Interessen im Spiel: Die christlichen Händler in den Städten fürchteten die jüdische Konkurrenz. Die Auseinandersetzungen um die »Judenfrage« zwischen der Böhmischen Kammer und der Hofkammer als Finanzbehörden auf der einen und der Hofkanzlei auf der anderen Seite stellen ein interessantes Kapitel in der Geschichte der österreichischen Monarchie im 17. und 18. Jahrhundert dar. Als zum Beispiel die sehr antijüdisch eingestellte Kaiserin Maria Theresia im Dezember 1744 den Entschluß faßte, die Juden zuerst aus Prag, später aus der ganzen Monarchie zu vertreiben, sprach sich vor allem die Beamtenschaft, welche sich aus dem Adel rekrutierte, mit christlich-humanitären, aber auch wirtschaftlichen Argumenten dagegen aus, um wenigstens die Aufschiebung der Ausweisung zu erreichen. Nach massiven Interventionen insbesondere des Adels wurde der Erlaß letztlich nicht realisiert.[2]

An der Gültigkeit des Familiantengesetzes hatte sich allerdings nichts geändert. Mit diesem Gesetz wurde 1726 die Zahl der jüdischen Familien in Böhmen auf 8541 und in Mähren auf 5106 festgesetzt. Heiraten und eine Familie gründen durfte danach nur der älteste Sohn der Familie; der Ehekonsens, die Erlaubnis zu heiraten, war an die Familiantenstelle gebunden, mußte aber trotzdem beantragt werden. Mit dieser Einschränkung wollte man die Zahl der Juden im Lande konstant halten. Erst nachdem eine Familiantenstelle infolge des Aussterbens einer Familie freigeworden war, durfte sie neu besetzt werden. Dieses Gesetz, das viel Leid über die jüdische Bevölkerung sowohl in den Städten als auch auf dem Lande brachte, wurde erst 1849 im Zusammenhang mit der Emanzipation der Juden abgeschafft. Wenn auch durch das Erstellen der Verzeichnisse der Familianten der Versuch unternommen wurde, den Stand der jüdischen Bevölkerung genau zu kontrollieren, so ist dies doch nie ganz gelungen. So existierte etwa noch die Kategorie der Schutzjuden, die direkt dem Schutz der herrschaftlichen Obrigkeit unterstellt und nicht immer auch Familianten waren. Zwar bedeutete die Familiantenstelle einen gewissen Schutz, doch waren die Juden der herrschaftlichen Willkür weitgehend ausgeliefert. Die Familiantenstelle konnte dem Familianten schon bei einem geringen Vergehen entzogen werden.

Diskriminierung, Schikanen und Willkür bildeten schon seit Jahrhunderten die »Begleitmusik« des jüdischen Lebens. Und doch haben unter diesem Schatten die Dorfjuden eine eigene Lebenskultur entwickelt, die vor allem von zwei Faktoren geprägt war: dem strengen Einhalten der jüdischen Gesetze und dem Neben- und Miteinander mit ihren nichtjüdischen Nachbarn.

Einen wesentlichen Bestandteil der jüdischen Gesetze bildeten die Essensvorschriften, die von den Dorfjuden bis etwa in die Mitte des vergangenen Jahrhunderts sehr streng befolgt wurden. So fand man zum Beispiel selbst in dem ärmsten Haushalt unterschiedliches Geschirr und Besteck für fleischige und milchige Speisen. In der Pessachwoche durfte nur das dritte, kostbarste Geschirr (jomtivik) benutzt werden, das dann bis zum nächsten Jahr in einer Truhe auf dem Dachboden aufbewahrt wurde. Auch Julie Kafka hielt, wie Anna Pouzarová[3] berichtet, noch um 1902 an dieser Vorschrift fest, obzwar in der Familie sonst nicht koscher gegessen wurde.

Obwohl die Juden in den dörflichen Gemeinden in der Regel zusammen in der sogenannten Judengasse wohnten, entwickelte sich durch die doch enge Nachbarschaft zwischen Christen und Juden eine Form des Neben- und Miteinanders, die manchmal fast skurrile Formen annahm.[4] So achteten beispielsweise die christlichen Sabbatdienerinnen oft strenger auf das Einhalten der jüdischen Essensvorschriften als die Juden selbst. Die klar definierte Aufgabenteilung zwischen Juden und Christen, die sich gegenseitig keine Konkurrenz machten, sondern zum beiderseitigen Vorteil ergänzten, stellte die Grundlage für das friedliche Zusammenleben der beiden Bevölkerungsgruppen in den böhmischen Dörfern der vorindustriellen Zeit dar. Man respektierte sich gegenseitig. So galt es etwa als selbstverständlich, einen Juden beim Gebet nicht zu stören, gleichgültig, ob es sich um den jüdischen Nachbarn oder den Hausierer in der Gaststube handelte. Ebenso respektierten auch die Juden die christliche Obrigkeit. Bei Visitationen standen auch die Juden Spalier und hießen die christlichen Würdenträger willkommen, und auch die jüdischen Kinder küßten ihnen die Hand. Zu Pessach bekam auch der Dorfpfarrer Matzen geschenkt, und fielen einmal ein jüdischer und ein christlicher Festtag auf ein gemeinsames Datum, freute sich das ganze Dorf, daß diesmal alle feiern konnten. Aus dem mährischen Schaffa ist überliefert, daß an hohen christlichen Feiertagen Juden den Christen mit dem Besuch des Gottesdienstes Reverenz erwiesen, an den jüdischen wiederum die Christen den Juden. Die Juden sollen sogar an der Fronleichnamsprozession teilgenommen haben. Auch aus Osek gibt es eine Überlieferung, die diese gegenseitige Toleranz zu bestätigen scheint und noch heute in einer Familie erzählt wird: Die Großmutter sollte ihrer Enkelin vor dem Besuch der Synagoge erklären, dort sei alles anders, es sei eine andere Religion und sie solle nicht darüber lachen. Es wird allerdings auch berichtet, daß Dorfbuben manchmal den Gottesdienst in der Synagoge durch Schläge an die Tür störten. Soll man dies aber gleich als eine antisemitische Äußerung werten, oder handelte es sich nicht doch eher um einen Bubenstreich? In jedem Fall zeigen diese Beispiele, daß das Zusammenleben von Juden und Christen in Böhmen mehrere Dimensionen besaß und facettenreicher war, als es bisher oft dargestellt wurde.[5]

Die Dorfjuden übernahmen von ihren Nachbarn auch einige christliche Begriffe. Sie gingen nicht in die »Synagoge« oder den »Tempel«, sondern einfach in die »Kirche« oder in die »jüdische Kirche«, wo auch ein »Altar« stand. Und ihre Kinder hatten sogar Schutzengel.

Es scheint, daß die soziale Trennungslinie in den Dörfern nicht zwischen Juden und Christen verlief, sondern eher zwischen Arm und Reich. So stößt Lojza Kiesler, der Hauptfigur aus einer Erzählung von Vojtěch Rakous[6], gerade bei seinem ersten Besuch in der Synagoge die Erfahrung der sozialen Hierarchien bitter auf: Die besten Plätze in den ersten Reihen, die sehr teuer sind, werden von den reichen Juden, den Randaren und anderen Pächtern belegt, während sein Vater, in seinem Dorf ein geachteter Mann, sich mit einem Platz ganz hinten begnügen muß: In unmittelbarer Nachbarschaft zur »Schnorrerbank« ist er fast zu einem Bettler degradiert.

Möglicherweise war es nicht nur der allgemeine Druck der Diskriminierung, unter dem die Juden bis 1849 standen, sondern auch diese schmerzhaft erlebten sozialen Unterschiede innerhalb der eigenen Bevölkerungsgruppe, die den Aufstiegswillen der Juden stärkten und nach 1849 voll zum Ausbruch kamen. Auch bei Hermann Kafka können wir solche Erfahrungen vermuten. Das seit Generationen unfreiwillig praktizierte Überlebenstraining und die erzwungene Mobilität erwiesen sich als die beste Konditionierung für die harten Existenzkämpfe in der beginnenden Industriegesellschaft. Der Erfolg, der den Juden in diesem Kampf beschieden war, stärkte allerdings letztendlich nur den Antisemitismus.

In der sozialen Hierarchie der Juden vom Lande befanden sich die Pächter der Branntweinbrennereien (Randare genannt), Brauhäuser und Pottaschesiedereien auf der oberen Sprosse der gesellschaftlichen Leiter. Unter ihnen war die breite Mitte der Handwerker und Händler angesiedelt, am anderen Ende der Leiter standen die Hausierer. In der Regel betrieben fast alle Dorfjuden neben ihrem eigentlichen Beruf eine kleine Landwirtschaft auf gepachteten Feldern (eigenen Grund und Boden durften sie bis 1849 nicht besitzen), und auch dadurch näherte sich ihre Lebensweise der bäuerlichen Umgebung an. Die »Unterschicht« des Dorfjudentums stellten die Schnorrer und Bettler dar, die oft nach einem festen Plan von Dorf zu Dorf zogen. Sie wurden in keiner Weise ausgegrenzt, sondern galten als willkommene Gäste und erfüllten die Funktion von Nachrichtenträgern und -vermittlern. Sie lebten sozusagen von ihrem Erzählen. Das Erzählen von Geschichten war in den Dörfern sehr beliebt und die Erzählkultur recht hoch. Die allgemeine Akzeptanz der Schnorrer rührte aber nicht zuletzt daher, daß jeder Dorfjude genau wußte, wie schnell der soziale Abstieg auch ihn treffen konnte. Es bedurfte nur des Verlustes der Familiantenstelle oder einer Anzeige wegen illegalen Hausierens, und seine Existenz war ruiniert.

Mit ihrer tschechischen Umgebung und auch untereinander sprachen die Dorfjuden tschechisch, auch wenn sie die deutsche Sprache beherrschten. Ihr Deutsch war allerdings eine Art ›jüdisches Deutsch‹, angereichert mit Worten aus dem Jiddischen – eine Reminiszenz an die polnischen Zuwanderer, die jiddisch sprachen. Wurde aber im Ort eine jüdische Schule gegründet, war dort die Unterrichtssprache selbstverständlich Deutsch – so wünschte es die Obrigkeit –, und auch die »besseren« Juden auf dem Lande grenzten sich durch ihr Deutsch von ihren gemeineren Glaubensgenossen ab. Auch in der Synagoge wurde neben Hebräisch Deutsch gesprochen; ebenso waren die Inschriften auf den Grabsteinen in Hebräisch und Deutsch abgefaßt. In vielen jüdischen Familien auf dem Lande sprach man allerdings in der Woche Tschechisch und nur am Sabbat Deutsch, um den Feiertag vom Alltag abzugrenzen. Die deutsche Sprache war in diesem Sinne doppelt symbolisch besetzt, einerseits als die Kirchensprache und andererseits als die Sprache des sozialen Aufstiegs. Ganz bezeichnend ist in dieser Hinsicht die Erinnerung von Vojtěch Rakous:

> Unser Verhältnis zu den anderen, überwiegend wohlhabenden Juden in der Umgebung war das Verhältnis eines armen Juden zu dem reichen. Es gab in der ganzen Umgebung nur wenige Juden, die so arm waren wie wir. Es waren lauter Pächter von Höfen, Branntweinbrenner, reiche Getreidehändler ... und die pflegten natürlicherweise keinen freundschaftlichen Umgang mit uns. [...] Ich konnte diese meine Glaubensgenossen nur selten und aus einer höflichen Entfernung beobachten, und ich betrachtete es als meine eigene Aufwertung, daß solche Menschen den gleichen Glauben haben wie ich. Es betrübte mich allerdings der Gedanke, daß wir vielleicht keine echten, wahren Juden sind, sondern nur ihre schlechtere, minderwertigere Gattung. In dieser

Vorstellung hat mich besonders bestärkt, daß sie untereinander nur deutsch sprachen, was niemand von uns verstand. Ich hatte damals die unklare Vorstellung, daß die deutsche Sprache bei den Juden die Kirchensprache ist, und nur diejenigen Juden wirkliche und wahre Juden sind, die diese Sprache sprechen.[7]

Seine Blüte erlebte das böhmische Dorfjudentum in der zweiten Hälfte des 17. und im 18. Jahrhundert. Mit der Aufhebung des Familiantengesetzes im Jahre 1849 und der dadurch gewonnenen Freizügigkeit ging die Geschichte des Landjudentums durch die starke Migration in die Städte sehr schnell zu Ende, wenn sich auch die Zahl der Juden in Böhmen insgesamt erhöhte. Im Jahre 1857 lebten von der jüdischen Bevölkerung in der österreichischen Monarchie 72,3 Prozent in Galizien, 13,9 Prozent in Böhmen, 6,7 Prozent in Mähren und nur 1,1 Prozent in Niederösterreich.[8]

Ihre bescheidenen Häuser, Friedhöfe und Synagogen ließen die wegziehenden Dorfjuden auf dem Lande zurück. Ihre soziale und historische Erfahrung hingegen nahmen sie, verinnerlicht und im Unterbewußtsein kodiert, in die Städte mit. Es ist kein Zufall, daß die Repräsentanten der tschechisch-jüdischen Bewegung* sich überwiegend aus den Nachkommen der ehemaligen Dorfjuden insbesondere Südböhmens rekrutierten. Für Hermann Kafka und viele anderen verdichtete sich wiederum diese Erfahrung in ihrem eisernen Willen zum gesellschaftlichen Aufstieg.

* Die tschechisch-jüdische Bewegung formierte sich um den Kalendář česko-židovský (den tschechisch-jüdischen Kalender), herausgegeben seit 1881 von dem Verein der tschechischen Akademikerjuden (Spolek českých akademiků-Židů) in Prag. Der Verein wurde 1876 gegründet und hatte ursprünglich 82, im Jahre 1881 154 Mitglieder. »Die tschechische Heimat sei das neue Jerusalem unserer Glaubensgenossen in Böhmen«, schrieb in der ersten Nummer des Kalenders der wichtigste Repräsentant der Bewegung, Karel Fišer.

Die jüdische Siedlung auf dem Gut Osek, einem kleinen, sieben Kilometer nördlich von Strakonice und etwa fünfzehn Kilometer westlich von Písek gelegenen Dorf, ist vor 1702 entstanden, in der Zeit, als das Dominium der Familie Lichtenstein gehörte. Der Grund für die Ansiedlung der Juden war hier der gleiche wie überall: die Wiederbelebung der Wirtschaft in dem durch den Dreißigjährigen Krieg fast ausgebluteten Böhmen.

Das Gut Osek, das vor der Schlacht am Weißen Berg dem protestantischen Adligen Zdenko Čejka gehört hatte und wegen dessen Teilnahme am böhmischen Aufstand konfisziert und dann an Karl von Lichtenstein verkauft wurde, war vom Krieg vermutlich besonders stark betroffen. Es ist nicht ausgeschlossen, daß mit ihrem protestantischen Herrn auch einige seiner ebenfalls protestantischen Untertanen ins Exil gingen, so daß die Häuser, in die die Juden später einzogen, leer standen. Käuflich erwerben durften sie die Häuser natürlich nicht, sondern nur für teures Geld pachten. Schon mit dieser Pacht begann die wirtschaftliche Ausbeutung der Juden, die ihre Ansiedlung für den Adel so attraktiv machte.

Wie viele Juden damals nach Osek kamen, ist nicht bekannt; am Ende des 18. Jahrhunderts bestand die jüdische Kommunität aus etwa 16 Familien. Sie wohnten alle zusammen in dem Teil der Gemeinde, den man Klein-Wossek nannte. Hier stand auch, unweit vom Ufer des großen Teiches, der Klein-Wossek vom anderen Teil des Dorfes trennte, die Synagoge. Auf dieser Teichseite befand sich auch das Schloß, der Sitz der Verwaltung des Dominiums, das bis 1790 der Familie Lichtenstein, seit 1825 der Familie Daubek aus Prag gehörte.

In dem in den Jahren 1833 bis 1840 als Fortsetzung erschienenen Nachschlagewerk *Das Königreich Böhmen statistisch-*

topographisch dargestellt von Johann Gottfried Zimmer wird die Zahl der israelitischen Familien mit zwanzig angegeben. Man kann also davon ausgehen, daß die jüdische Siedlung in Osek aus etwa hundert Personen bestand, was nicht wenig war. Das gesamte Dorf mitsamt der jüdischen Bevölkerung zählte damals 382 Einwohner und bestand aus 55 Häusern. Osek war der Amtssitz des Dominiums, zu dem noch das Gut Kbelnice und fünf kleinere Weiler mit insgesamt 1217 Einwohnern gehörten. Osek war die größte Gemeinde des Dominiums, und nur hier gab es eine jüdische Siedlung. Das schließt nicht aus, daß in den umliegenden Dörfern einzelne jüdische Familien lebten. Was die wirtschaftlichen Verhältnisse anbelangt, gehörten zum Gut Osek ein Brauhaus, ein Maierhof, ein Branntweinhaus, ein Hegerhaus und eine Pottaschensiederei. Man kann annehmen, daß auch in Osek, wie überall sonst, die Pächter der Brauerei, der Branntweinbrennerei, der Pottaschensiedereien und möglicherweise auch des Maierhofes Juden waren, die der jüdischen »Oberschicht« im Dorf angehörten. Auch unter den Gewerbeleuten, die eine zum 1. Juli 1838 erstellte Übersicht für das Dominium aufführt – den neun Krämern und Hausierern, dem Glaser, den Schuhmachern, Schneidern und Gastwirten – können wir Juden vermuten. Und hinter dem aufgeführten Fleischhauer mag sich sogar der Großvater Franz Kafkas, Jakob Kafka, verbergen.

Der erste uns bekannte direkte Vorfahre Franz Kafkas, sein Urgroßvater Josef Kafka, taucht in der Abteilung Wossek des Familiantenbuches für den Bezirk Strakonice als Nachfolger des Familianten Samuel Fischel auf.

Das Familiantenbuch gibt uns hier den Einblick in eine kleine Familientragödie. Der Familiant Samuel Fischel bekam am 15. März 1800 den Heiratskonsens für die Eheschließung mit Rosalie Stein, und die junge Frau gebar ein Jahr später den Sohn Abraham. Aber schon im Dezember 1801 starb Samuel

Fischel plötzlich und im Februar darauf auch sein kleiner Sohn. Damit wurde die Familiantenstelle frei, denn Frauen zählten nicht als Familianten. Man kann sich die Verzweiflung der jungen Witwe, die plötzlich ohne Mann, Kind und den so wichtigen Familiantenschutz dastand, lebhaft vorstellen. Die freigewordene Familiantenstelle erwarb im gleichen Jahr Josef Kafka, der am 15. August 1802 auch schon den Heiratskonsens erhielt und Anna Pollak zur Frau nahm. Wann genau die Eheschließung allerdings stattfand, ist nicht ganz klar, denn das erste Kind männlichen Geschlechts, den Sohn Samuel, bekam das Paar nachweislich erst im Jahre 1813. Töchter wurden in den Familiantenbüchern nicht geführt.* Josef Kafka ist der erste Träger des Namens Kafka, der in Osek als Familiant belegt ist.

Der Name Kafka war allerdings in der Umgebung nicht selten. In Písek beispielsweise gehörte eine Familie Kafka zu den alteingesessenen jüdischen Familien im Ort, die Vornamen Hermann und Jakob kamen auch bei ihr vor; ob es aber eine direkte verwandtschaftliche Verbindung zu den Kafkas von Osek gab, läßt sich nicht mit Sicherheit sagen. Familien gleichen Namens lebten auch in Strakonice und Milčice.

Welchen Beruf Josef Kafka ausübte, ob er zu den Krämern und Hausierern gehörte oder einen anderen Beruf hatte, ist ebenfalls nicht bekannt. Sicherlich aber gehörte er nicht zu den wenigen wohlhabenderen Juden im Ort. Nach dem erstgeborenen Sohn Samuel, auf den die Familiantenstelle überging, bekamen Josef und Anna Pollak noch weitere Söhne: 1814 Jakob, 1819 Salomon, 1826 Jonas, der allerdings als Vier-

* Anthony Northey geht in seinem Stammbaum der Familie Kafka (*Kafkas Mischpoche*, Berlin 1988) von zwei Ehen Josef Kafkas aus, die zweite davon mit Maria Stein, und führt noch weitere Kinder, Töchter wie Söhne, auf. Nach seiner Darstellung wäre Jakob Kafka der Sohn aus der zweiten Ehe Josef Kafkas. Das Familiantenbuch – die Matrikeln für diese Jahre existieren nicht mehr – läßt diesen Schluß nicht zu.

zehnjähriger starb, und 1829 Leopold. Dazwischen wurden auch Töchter geboren, Kati 1816, Magdalena 1817 und Karoline 1823.[1] Der zweitgeborene Sohn Jakob wurde der Großvater von Franz Kafka.

Jakob Kafka, der die begehrte Position des ersten Sohnes der Familie und des Familianten nur um ein Jahr verfehlte, wuchs wie auch seine Geschwister in dem Haus Nr. 30 in Osek auf und fügte sich wie sie alle in den Kreislauf des bescheidenen Lebens der Juden auf dem Lande ein. In der Umgebung bekannt, ja berühmt, machte ihn seine außergewöhnliche Körperkraft. So soll er einmal einen vollbeladenen Wagen, der in den Graben gefahren war, wieder auf den Weg gehoben haben. Zu seinen Vorführkunststücken gehörte auch das Anheben von vollen Mehl- oder Kornsäcken mit den Zähnen.

Seine außergewöhnliche Stärke konnte Jakob Kafka als Fleischhauer gut gebrauchen; denn die rituelle Schlachtung der Tiere, das Schächten, erforderte vor allem bei der Vorbereitung des Tieres viel Kraft und Geschick. Nach jüdischem Gesetz durften die Tiere vor der Schlachtung nicht betäubt werden, damit sie möglichst vollständig ausbluteten, und mußten zuvor schonend und ohne Verletzungen zu erleiden in eine liegende Position gebracht werden; ansonsten hätte ihr Fleisch nicht als koscher gegolten.

Wir wissen zwar nicht genau, ob Jakob Kafka selbst die Befugnis zum Schächten, das heißt zur rituellen Durchführung des langen Halsschnittes besaß, mit dem außer der Halsader sowohl die Speise- als auch die Luftröhre des Tieres durchschnitten werden mußte, oder ob dafür der Synagogendiener vor Ort bzw. ein Schächter von außerhalb hinzugezogen wurde – die Kraft erfordernde Vorbereitung des Tieres zum Schächten und die weitere rituelle Behandlung des Fleisches, das Wässern und Einsalzen, führte er zweifellos selbst durch. Obwohl die Dorfjuden die Essensvorschriften peinlich genau einhielten, mag Jakob Kafka auch für die christlichen Bauern Schweine geschlachtet haben – mit anderen Messern versteht sich. Jedenfalls belieferte er mit seinem Fleisch nicht nur jüdische, sondern auch christliche Haushalte, die jüdischen mit dem Fleisch aus den besser ausgebluteten und deswegen als strikt koscher bevorzugten Vorderteilen, die christlichen mit dem Fleisch aus den »übriggebliebenen« Hinterteilen. Auch in dieser Hinsicht bestand zwischen der christlichen und der jüdischen Bevölkerung auf dem Lande eine Art ›Kooperation‹ zum Vorteil für beide Seiten.

Wie stark Jakob Kafka auch war, in einem Punkt war er ganz ohnmächtig: Gegen das Heiratsverbot konnte er nichts ausrichten. Auch ihm blieb – wie so vielen anderen Juden vor ihm und um ihn herum – nichts anderes übrig, als eine illegitime, heimliche Beziehung einzugehen. Seine Braut, Franziska Platowski, fand er in dem Haus Nr. 35 gleich gegenüber seinem Elternhaus. Die Platowskis – der Namen deutet auf die polnische Herkunft der Familie hin – waren alteingesessene Juden in Osek. Schon der Großvater Franziskas, Samuel, ist als Schutzjude in den Matrikeln erwähnt. Sein Sohn, Jakob Platowski, der offensichtlich die Familiantenstelle »beerbte«, hatte mit seiner Frau Anna, geborene Ratzek mindestens drei Kinder, darunter den Sohn Leopold und die Tochter Franziska.

Die Beziehung zwischen Franziska Platowski und Jakob Kafka blieb nicht ohne Folgen: 1847 wurde ihnen das erste uneheliche Kind, der Sohn Filip, geboren, ein Jahr später die Tochter Anna; beide Kinder kamen in der Nr. 35, dem Elternhaus der Frau, zur Welt. Die Zahl der unehelichen Geburten und der inoffiziellen, nur heimlich vom Rabbiner gesegneten Beziehungen war in der Zeit der Gültigkeit des diskriminierenden Familiantengesetzes sehr hoch. Offensichtlich wurden sie geduldet und toleriert, doch fielen die zweiten und weiteren Söhne, die keine Möglichkeit hatten, den Ehekonsens zu

Die Judengasse in Osek

bekommen, in ihrer sozialen Stellung hinter die priviligierten Erstgeborenen zurück; denn mit der Familiantenstelle waren auch Vorteile im Erbrecht verbunden. So konnten innerhalb einer Familie große Unterschiede in der sozialen Stellung ihrer Mitglieder entstehen, die allerdings in der Regel durch ihren großen Zusammenhalt und die traditionelle Verpflichtung zur gegenseitigen Hilfe wenigstens teilweise ausgeglichen wurden.

Diese Unterschiede können wir auch in der Familie Kafka vermuten. So fällt auf, daß von den Kindern des Erstgeborenen Samuel schon der Sohn Moritz eine akademische Ausbildung erlangte (er wurde ein angesehener Prager Rechtsanwalt), dagegen bei den Nachkommen des zweitgeborenen Jakob erst die Enkel Franz und Robert. Auch in die Position des Patriarchen und Oberhauptes, die Angelus Kafka, der älteste Sohn Samuels, in der Familie innehatte und auch ausfüllte, können wir Reste des überkommenen Familiantendenkens erblicken. Wir stark die Juden das Familiantengesetz auch als eine Geisel

Das Haus Nr. 35 in Osek heute

empfanden, so blieb es doch – auch in psychosozialer Hinsicht – nicht ohne Einfluß auf die Beziehungen und Hierarchien innerhalb der Familien.

Die Kinder von Josef Kafka sollten das Glück haben, als Erwachsene das Ende des Familiantengesetzes zu erleben. Als im Frühjahr 1849 seine Aufhebung angekündigt wurde, löste diese Nachricht unter der jüdischen Bevölkerung eine Euphorie aus, die Vojtěch Rakous im ersten Absatz seiner Erzählung »Am Scheidewege«[2] sehr eindringlich beschreibt:

> Die alten Juden, Zeugen des – wie man damals schrieb – ruhmreichen Jahres 1849, kehren, heute vor dem Grab stehend, in ihren Erinnerungen am liebsten in diese für sie so denkwürdige Zeit zurück. Sie erlebten diesen unvergessenen Umbruch, der den Juden, diesen jahrhundertelang gefesselten Sklaven, zum Menschen machte. Die Ketten lösten sich, der Jude durfte frei umherziehen und Boden

erwerben. Er wurde auch von den Fesseln befreit, die sich am schmerzlichsten in die jüdische Seele eingeschnitten hatten: Der Jude durfte heiraten ...

Er brauchte nicht mehr den so teuer erkauften Konsens von der Obrigkeit oder der Behörde, er durfte ohne Hindernisse heiraten wie jeder andere Untertan.

Wie junger Wein stieg die neue Freiheit in die Köpfe der Juden. Ängstlich verborgen gehaltene Vermögen wurden plötzlich demonstrativ gezeigt, in den Kirchen[3] wurden feierliche Dankesgottesdienste veranstaltet, bei welchen Jüdinnen in einer bis dahin nie gesehenen Pracht auftraten; und es gab eine Hochzeit nach der anderen. So viele Hochzeiten wie in diesem Jahr hatte man in dem ganzen vorausgehenden Jahrzehnt nicht gefeiert. Jahrelang bestehende Verlobungen und Bekanntschaften, die aufgrund des Verbotes der Obrigkeit oder der Ämter nicht mit der Heirat enden durften, wurden plötzlich besiegelt. Und es wurde mit einer Pracht gefeiert, daß man über die damaligen Hochzeitsbälle und Gastmahle noch nach Jahren Wunder erzählte. Es haben nicht nur junge Menschen geheiratet, zum Altar schritten auch ergraute, durch Alter und Leid gebeugte Paare. Es waren Menschen, die vor Jahren keinen Ehekonsens bekamen und vom Rabbiner trotz des Verbotes der Obrigkeit oder der Behörde heimlich getraut wurden – »unter der Kiepe« nannte man diese vor der Obrigkeit und den Ämtern peinlich geheimgehaltenen Ehen. Sie alle, viele schon am Ende des Lebens, eilten jetzt zum Altar, um ihren Kindern das kostbarste Erbe zu hinterlassen: den ehrlichen Vaternamen. Denn bisher durften sie nur den Namen der Mutter benutzen. Welch ein glückliches gesegnetes Jahr!

Auch Jakob Kafka und Franziska Platowski haben das neue Gesetz als eine Erlösung empfinden müssen. Bereits am 16. Juli 1849 ließen sie sich trauen, woraufhin auch ihre Kinder legitimiert wurden. Die Tochter Anna wurde übrigens erst 1850 als Zweijährige in die Strakonitzer Matrikel eingetragen. Diese späten Eintragungen waren damals, laut Vojtěch Rakous[4], keine Seltenheit. Auch die weiteren, nun ehelichen vier Kinder von Jakob und Franziska Kafka, Heinrich (1850), Herrmann (1852)*, Julia (1855) und Ludwig (1857) wurden in dem Haus Nr. 35 geboren. Daraus können wir schließen, daß Jakob Kafka sehr wahrscheinlich schon vor der offiziellen Eheschliessung aus seinem Elternhaus in das Haus der Familie Platowski gezogen war und dort wohl auch sein Gewerbe ausübte. Ob er von seinem Schwiegervater auch das Handwerk des Fleischhauers übernahm?

Das Haus Nr. 35 in Osek, in dem jetzt eine achtköpfige Familie wohnte, war ein kleines Haus, allerdings nicht das kleinste in der Judengasse, soweit man dies nach dem heutigen Zustand beurteilen kann. Es bestand aus einem Gang und zwei Zimmern, hinten angeschlossen war ein kleines Wirtschaftsgebäude, in dem wahrscheinlich Jakob Kafka seiner Arbeit nachging. Ein Ladenlokal nach unseren heutigen Vorstellungen gab es nicht. Mitsamt den Leinensäckchen zur Fleischaufbewahrung wurden die Bestellungen am Anfang der Woche bei der jüdischen Kundschaft in der Umgebung eingesammelt; am Donnerstag wurde geliefert, denn freitags wurde in den Haushalten bereits für den Sabbat vorgekocht. In manchen Orten besorgte diesen Dienst eine Frau, tschechisch »masařka« (Fleischfliege) genannt, die mit dieser Arbeit wenigstens einen Teil ihres Lebensunterhaltes bestritt.[5] Jakob Kafka hatte für diese Dienste seine Kinder. Wie groß das Gebiet war, das er

*In der Matrikel wurde der Name mit zwei »r« geschrieben; häufiger benutzte Hermann Kafka die Schreibweise mit einem »r«.

Franziska Platowski und Jakob Kafka

belieferte, war, ist schwer zu sagen. Er mußte mit seinen vielen Kindern ein sehr bescheidenes Leben führen, bitterarm war er aber nicht. Das war erst die spätere Projektion der wohlhabend gewordenen Kinder. So sieht das Ehepaar Kafka auf der alten Fotografie auch keineswegs ärmlich aus: Er, ein großer, stattlicher, offensichtlich strenger Mann im guten Anzug und mit einer goldenen Uhrenkette an der Weste. Neben ihm seine Frau, zwar etwas ausgezehrt, aber »geputzt«, die Haube auf dem Kopf. Wenn man bei den Vorfahren von Franz Kafka nach Ähnlichkeiten mit ihm suchen würde, sollte man sich das Gesicht von Franziska Kafka genau anschauen: die gleiche Gesichtsform, die ausdrucksvollen großen, etwas tiefer liegenden Augen.

Franziska Kafka hatte andere Stärken als ihr Mann. Eine zierliche, tüchtige Frau, soll sie wegen ihrer medizinischen Kenntnisse und Heilkünste im ganzen Dorf beliebt gewesen sein. Eine gütige Frau soll sie gewesen sein – viel mehr wissen wir über sie nicht. Auf dem Oseker Friedhof befindet sich ihr Grab neben dem ihres Mannes; die beiden Steine gleichen sich in der Form. Franziska Kafka-Platowski steht auf dem ihren, gemäß dem damaligen jüdischen Brauch, die Frau auch mit ihrem Mädchennamen aufzuführen, was der starken Position der jüdischen Frau im inneren Bereich der Familie entsprach. Bislang hat man jedoch immer nur das Grab von Jakob Kafka beachtet.

Die sechs Kinder der Familie Kafka wachsen im selben Haus und unter denselben Bedingungen auf. Und doch wird von ihnen, entsprechend ihren angeborenen psychischen Dispositionen, das Zuhause unterschiedlich erlebt. Von allen Geschwistern, Julie vielleicht ausgenommen, hat Hermann wohl am stärksten unter den häuslichen Verhältnissen und den hohen Anforderungen gelitten, die an seine Mitarbeit gestellt worden sind. Das soll allerdings nicht heißen, daß er besonders sensibel war. Aus der Art und Weise, wie er seine Kindheit später schilderte, und seinem Verhalten läßt sich eher auf eine starke Ichbezogenheit, ja fast Wehleidigkeit schließen; denn wirklich sensible Menschen verfügen über Möglichkeiten, negative und belastende Erlebnisse positiv zu verarbeiten. Diese Möglichkeiten besaß Hermann Kafka offensichtlich nicht. Er ruhte nicht in sich, brauchte Anerkennung und Bestätigung von außen. Dieses Bedürfnis wurde zur Triebfeder seines Aufstiegs, machte ihn verbissen und stur – und brachte ihm letztlich den wirtschaftlichen Erfolg. Freuen konnte er sich darüber kaum, er blieb angespannt, mißtrauisch, überall Rückschläge witternd, voller diffuser Unzufriedenheit. Und man kann sich vorstellen, wie er bereits als Bub voller Gram sein Wägelchen durch die Landschaft zieht, mit Gott und der Welt hadert und die Pflanzen am Wegrand mit einer Rute wegpeitscht, im Grunde voller Unbehagen an sich selbst.

Die tschechischen Kinder von Osek mußten jeden Tag in dem zwei Kilometer entfernten Ort Jemnice zur Schule gehen, weil der Schloßherr keine tschechische Schule im Ort duldete. Für die jüdischen Kinder gab es am Rande der Judengasse eine jüdische Schule mit Deutsch als Unterrichtssprache[6], obwohl die Umgangssprache auch hier Tschechisch war. Das Niveau der Schulen auf dem Lande war nicht gerade hoch, den Unterricht bestritt oft der Schames der Gemeinde, der gleichzeitig auch andere Aufgaben hatte. Mehr als Lesen, Rechnen, Schreiben und etwas Hebräisch hat man hier nicht gelernt. Ganz sicher in der Rechtschreibung war auch Hermann Kafka nicht.

Die Schule wurde schnell absolviert, und dann wartete auf die meisten Dorfkinder, gleich ob sie Juden oder Christen waren, das praktische Leben. Nach Bar Mizwa, der jüdischen Konfirmation, galt der jüdische Junge, mit dreizehn oder vierzehn Jahren, als erwachsen. Und so endete mit der Bar Mizwa-Feier auch die Kindheit von Hermann Kafka.

Ganz ohne Schutz wurden allerdings die jüdischen Kinder in der Regel nicht in die Welt geschickt. In der weitverzweigten Verwandtschaft gab es beinahe immer jemanden, bei dem man Unterkunft oder eine Lehrstelle fand. Bei den eigenen Verwandten zu wohnen und zu arbeiten, mußte allerdings nicht immer vorteilhafter sein als ganz in die Fremde zu gehen.

Es scheint, daß auch der junge Hermann bei seinen Verwandten eine Stelle bekam. Er soll sein Handwerk in dem Textilgeschäft seines Verwandten Ludwig Kafka in Písek gelernt haben.[7] »Als kleiner Junge mußte ich schon nach Písek ins Geschäft«[8], dieser Satz aus dem Repertoire seiner Klagen könnte auch in diesem Sinne gedeutet werden und die Hypothese stützen, daß die Familie Kafka ursprünglich aus Písek nach Osek kam.

Wie lange Hermann Kafka in Písek blieb, ist nicht bekannt, und wir wissen auch nicht, was er in der Zeit bis zu seiner Einberufung zum Militär im Jahre 1872 machte. Sehr wahrscheinlich verdingte er sich eine gewisse Zeit als Hausierer in der Umgebung. So wurde es wenigstens bisher tradiert. In diesem Alter hausieren zu gehen, wäre allerdings nicht ohne Risiko gewesen; denn einen regulären Hausiererpaß konnte man erst mit dreißig bekommen. Viele Dorfgeher haben sich zwar über diese Vorschrift hinweggesetzt, und das illegale Hausieren – für die meisten eine wirtschaftliche Notwendigkeit – wurde auch allgemein geduldet. Wurde man aber angezeigt oder von den Gendarmen erwischt, konnte es für den Betroffenen unangenehme Folgen haben, sogar die ganze Existenz ruinieren.

Als die Juden im Frühjahr 1849 das neue Gesetz, das ihnen die Freizügigkeit bescherte, bejubelten, konnten sie nicht ahnen, daß damit auch das Ende des böhmischen Dorfjudentums eingeläutet wurde. Die jüdische Dorfjugend fieberte jetzt Zielen entgegen, die für die Generation der Eltern einfach unvorstellbar gewesen waren. So wie Lojza Kiesler aus Rakous'

Erzählung träumte sicherlich auch Hermann Kafka von einer besseren Zukunft.

> Und so war es Lojzas größte Sehnsucht, sich einmal aus den kleinen Verhältnissen zu Hause zu befreien. Als er vor zwei Jahren mit dem Hausieren anfing, war sein einziger Wunsch, es einmal so weit zu bringen wie der Hausierer Fajtys aus Hlavenec, der mit einem von zwei Hunden gezogenen Wagen durch die Dörfer fuhr. Höher hinaus wollte Lojza damals nicht. Nach zwei Jahren hatte er hochfliegendere Pläne: einmal ein Geschäft mit Schnittwaren in der Stadt zu haben, das Lokal zum Bersten voll von Kunden... Das waren seine Träume, wenn er mit dem Ranzen auf dem Rücken von einem Dorf zum anderen ging. Sein Vorbild waren die reich gewordenen Juden in der Umgebung – wie haben die es geschafft, reich zu werden![9]

Die beiden folgenden Generationen der jüdischen Dorfjugend haben fast ausnahmslos ihre Heimatdörfer verlassen und in den Städten ihr von der großen Welle der Industrialisierung getragenes Glück gesucht – und vielfach auch gefunden. Auf dem Lande blieben nur die wohlhabenderen Juden zurück, die Pächter von Gutshöfen, Brennereien und Brauhäusern. In den späten achtziger Jahren standen die ländlichen jüdischen Siedlungen in Böhmen leer. Auch Jakob Kafka mußte dieses Ende des jüdischen Lebens in seinem Dorf erleben – seine Beerdigung im Jahre 1889 war die letzte auf dem kleinen jüdischen Friedhof in Osek. Mit einem besonderen, zu diesem Zweck verabschiedeten Gesetz wurde ein Jahr später eine Reihe jüdischer Landgemeinden, die praktisch nicht mehr bestanden – darunter auch diejenige in Osek – aufgelöst.*

* Die Judengemeinden in Mähren wurden von dieser Landflucht bei weitem nicht so stark betroffen; die meisten dörflichen Judengemeinden blieben hier bis 1940, in den nach dem Münchner Abkommen besetzten Grenzgebieten bis 1939 bestehen.

In der Chronik der Oseker Feuerwehr kann man über diesen Vorgang folgendes lesen:

> In den früheren Zeiten, als die Freiheit der Israeliten durch Gesetze sehr eingeschränkt war, bewohnten die Häuser von Klein-Vosek meistens die Familien der Israeliten, weswegen diese Häuser Judengasse (Židovny) genannt wurden. Wie die Alten im Dorf sagen und einige Urkunden im Schloß zeigen, hielten sich hier 36 jüdische Familien auf. Als dann im Jahre 1848 die Israeliten die gleichen Rechte wie alle anderen Bürger Österreichs bekamen, zerstreuten sie sich in die größeren Städte, wo sie große Geschäfte gründeten und in kurzer Zeit über großes Vermögen verfügten.

Der Unterton der Sympathie für die Juden und ihr Schicksal ist bezeichnend für das überwiegend gute Einvernehmen zwischen den eher armen tschechischen Bauern und den ebensowenig begüterten Juden auf dem Lande.

Die Beziehungen zum Heimatdorf Osek wurden jedoch nicht völlig abgebrochen. Als das Gründungskomitee der Feuerwehr im Jahr 1895 bei den ehemaligen jüdischen Bürgern mit der Bitte um Spenden nachsuchte, ist diese Aktion nicht ohne Erfolg geblieben. Unter den Spendern finden sich sowohl die Söhne von Samuel Kafka, Friedrich und Moritz, als auch Hermann und Filip Kafka und ein weitläufigerer Verwandter namens Adolf Kafka aus Kolín. Es mag überraschen, daß in diesem Verzeichnis der Name des »Familienpatriarchen« Angelus Kafka fehlt.

Die Borges (Porias) aus Poděbrady

*Julie Kafka über die Familie**

Mein theuerer verstorbener Mann stammte aus Wosek bei Strakonitz. Sein Vater war ein großer starker Mann. Er war Fleischhauer, hatte aber kein hohes Alter erreicht. Die Frau, meine Schwiegermutter, hatte sechs Kinder; vier Söhne und zwei Töchter. Sie war eine zarte und fleißige Frau, die ihre Kinder trotz aller Mühe und Plage gut erzog, und (sie) waren ihr einziges Glück im Leben. Mein Mann wurde als vierzehnjähriger Knabe in die Fremde geschickt und mußte sich selbst ernähren. Er wurde im zwanzigsten Jahre Soldat und hat es zum Zugsführer** gebracht. In seinem dreißigsten Lebensjahre hat er mich geheiratet. Er hatte sich mit kleinen Geldmitteln etabliert und hatte es, da wir beide sehr fleißig waren, zu einem geachteten Mann gebracht. Wir hatten sechs Kinder, von denen nur noch drei Töchter am Leben sind. Unser ältester Sohn Franz war ein zartes aber gesundes Kind. Er wurde im Jahre 1883 geboren und starb am 3.6.1924. Zwei Jahre später, also im Jahre 1885, hatten wir wieder ein Söhnchen, der Georg hieß. Es war ein schönes kräftiges Kind und starb im zweiten Lebensjahr an Masern. Dann kam das dritte Kind, wieder ein Knabe. Er verschied kaum 6 Monate alt an Mittelohrentzündung. Er hieß Heinrich. Unsere drei Töchter sind glücklich verheiratet und leben alle drei in Prag.

*Etwa 1931 handschriftlich verfaßter Bericht von Julie Kafka aus dem Nachlaß von Hélène Zylberberg im Literaturarchiv des Schiller-Nationalmuseums in Marbach. Der Schluß fehlt.

**Zugsführer, österreichisch: Führer eines Zuges, einer Unterabteilung einer Kompanie, meistens Feldwebel oder Leutnant. Eine Kompanie bestand aus 100 bis 250 Mann und hatte in der Regel drei Züge.

Julie Kafka

Ich bin in Bad Podebrad geboren. Mein Großvater, der Vater meiner Mutter (mit Namen Porias), war ein jüdisch gebildeter Mann. Er war ein frommer Jude und ein bekannter Talmudist. Er hatte in Podebrad ein gut gehendes Schnittwarengeschäft, welches sehr vernachlässigt wurde, da der Großvater sich lieber mit dem Talmud beschäftigte. Die Großeltern hatten am Ringplatz ein schönes einstöckiges Haus. Das Geschäft war im Parterre, das schönste Zimmer im 1. Stock war mit lauter wissenschaftlichen Büchern belagert. Der Großvater war ein sehr geachteter Mann und starb im hohen Alter. Er hatte, wie ich in meiner Kindheit hörte, noch zwei Brüder. Der eine war sehr fromm. Er trug die Schaufäden (Zidekl)* über seinem Rock, trotzdem ihm die Schulkinder nachliefen und ihn auslachten. In der Schule wurde es gerügt und wurde den Kindern vom Lehrer streng aufgetragen, den heiligen Manne nicht zu belästigen, sonst würden sie sehr streng bestraft. Im Sommer so auch im Winter ging er täglich in die Elbe baden. Im Winter wenn Frost war, hatte er eine Harke, mit der er das Eis aufhackte, um unterzutauchen. Der dritte Bruder meines Großvaters war Arzt und hatte sich taufen lassen. Meine Mutter war das einzige Kind von dem ältesten frommen Talmudisten. Sie starb achtundzwanzig Jahre alt an Typhus und hinterließ außer mir, die erst drei Jahre alt war, drei Brüder. Mein Vater hatte nach einem Jahre geheiratet und der zweiten Ehe entstammen zwei Brüder, der eine starb in seinem sechzigsten Jahre, der andere ist Arzt. Weil meine Brüder alle in der Fremde waren, verkauften meine Eltern das Haus so auch das Geschäft in Podebrad und übersiedelten nach Prag. Meine zweite Mutter starb nach 12 Jahren im Alter von 81 Jahren, der Vater um zwei Jahre später im Alter von 86 Jahren.

Der Vater war in Humpoletz geboren, arbeitete als Tuchmacher und heiratete meine Mutter, die das Haus in Podebrad so auch das Geschäft als Mitgift erhielt. Der Vater hat-

* Wollfäden (hebr. Zizis) am Gebetsschal (hebr. Tallit), der von orthodoxen Juden unter den Oberkleidern getragen wurde, wobei die Fäden sichtbar blieben.

Der Marktplatz von Poděbrady um 1880

te vier Brüder und eine Schwester. Die Brüder waren reiche Leute, sie hatten einige Tuchfabriken, hießen anstatt Löwy Lanner und waren getauft, der jüngste Neffe des Vaters war der Besitzer des Brauhauses in Koschier. Er war getauft und hieß auch anstatt Löwy Lanner. Er starb im sechsundfünfzigsten Lebensjahr. Ich hatte fünf Brüder. Der Älteste war viele Jahre in Madrid Bahndirektor zweier Bahnen. Er war ein sehr geachteter Beamter, hatte viele Auszeichnungen und war von allen, die ihn kannten, geschätzt. Er war wegen seiner Stellung gezwungen, sich taufen zu lassen. Er war ledig und starb im Jahr 1923 und wurde in Madrid begraben. Mein zweiter Bruder ist Geschäftsmann, der dritte war viele Jahre in der Fremde und zwar zwölf Jahre im unteren Kongo, in China und Japan.

Julie Löwy stammte aus einer ganz anderen gesellschaftlichen Schicht als ihr späterer Mann. Sie wurde geboren und wuchs auf in der etwa sechzig Kilometer östlich von Prag liegenden Stadt Poděbrady, in einer im Ort alteingesessenen jüdischen Familie. Ihre Vorfahren mütterlicherseits gehörten zu den ersten Juden, die sich in der zweiten Hälfte des 18. Jahrhunderts in der Stadt niederlassen durften. Die an der Elbe anmutig gelegene, vom mächtigen Bau des Schlosses des alten böhmischen Adelgeschlechts von Poděbrady* dominierte königliche Kammerstadt, hatte sich sehr lange dem Zuzug der Juden widersetzt. Das Ringen zwischen dem aus ökonomischen Gründen projüdischen Adel und der städtischen Verwaltung spielte sich hier sozusagen inmitten der Stadt ab, da ein Teil der Häuser dem Magistrat, ein kleinerer Teil der herrschaftlichen Obrigkeit unterstand. So konnten die beiden ersten um 1670 erwähnten Judenhäuser nur an der Peripherie der Stadt entstehen. Erst nach den josefinischen Reformen begann sich auch die Einstellung der Gemeinde Poděbrady gegenüber den Juden zu ändern. Auf die hohen Einnahmen aus den Schutzgebühren, die die Juden entrichten mußten, wollte die Stadt nicht verzichten. So hat die Stadtverwaltung um 1784 in der zur Elbe führenden Přemyslgasse ein neues Judenhaus gebaut und an Josef Lazar Borges/Boreas für dreißig Jahre verpachtet.

Der Name Borges – auch Boreas, später Porias oder Borias** – wird allerdings schon um 1750 erwähnt und sein Träger als Schutzjude bezeichnet.

Josef Lazar Borges betrieb in der Přemyslgasse ein Geschäft mit Textil- und Haushaltswaren und hatte offensichtlich eine

*Aus diesem Geschlecht stammte der erste gewählte böhmische König Jiří z Poděbrad (Georg von Podiebrad; 1420–1471).

**In dem Familiantenbuch wird die Familie als Borges, früher Boreas aufgeführt, was auf ihre spanische Herkunft hindeuten könnte. Wie es zu der Änderung des Namens in Porias bzw. Borias kam (diese Form wird auch von Julie Kafka in ihrem Bericht benutzt, und sie ist auch in Kafkas Ahnentafeln geläufig), ist nicht festzustellen. Die Angaben in diesem Kapitel sind dem Kapitel »Geschichte der Juden in Podebrad und Umgebung« in H. Gold, *Die jüdischen Gemeinden Böhmen und Mährens in Vergangenheit und Gegenwart*, Praha/Brno 1934 entnommen; einzelne Fehler in Golds Darstellung wurden auf Grundlage des Familiantenbuchs korrigiert.

privilegierte Stellung inne. Hausierer, die ihre Ware außerhalb der Jahrmärkte in der Stadt verkaufen wollten, mußten beispielsweise eine Gebühr an ihn entrichten, ansonsten wurde ihnen das Hausieren untersagt. Nach Poděbrady kam die Familie Borges sehr wahrscheinlich aus dem bei der Stadt Chrudim liegenden Heřmanův Městec, wo schon seit dem 15. Jahrhundert eine jüdische Gemeinde existierte.*

Die Familiantenstelle von Josef Lazar Borges ging nach seinem Tod im Jahr 1829 an seinen ältesten Sohn Isaak über, der allem Anschein nach das Geschäft in der Přemyslgasse weiterführte. Offensichtlich haben aber auch seine drei Brüder sich gut behauptet und den Status von Schutzjuden erlangt. 1814 hatte Josef Lazar Borges ein an der Elbe liegendes Nachbargrundstück gekauft, mit der Absicht, darauf eine Synagoge zu errichten. Dieser Plan wurde durch die Stadt vereitelt, und so mußten die Poděbrader Juden noch bis 1850 auf ihre Synagoge warten.

Von Isaak Borges ging die Familiantenstelle wieder auf dessen ältesten, 1794 geborenen Sohn Adam über. Isaak Borges und seine Frau Sarah, geb. Fischel, hatten drei Söhne: neben Adam noch den 1795 geborenen Markus und den 1797 geborenen Veit. Diese drei Söhne von Isaak Borges sind identisch mit den drei Brüdern Porias, die Julie Kafka in ihrem Bericht erwähnt. Adam Borges/Porias war ihr Großvater mütterlicherseits, Inhaber eines, wie sie schreibt, »gut gehenden« Schnittwarengeschäftes und Besitzer des Hauses (Nr. 17/I) auf dem Poděbrader Marktplatz, vor allem aber ein »jüdisch gebildeter Mann« und ein frommer Talmudist. Markus Borges, der wohl weiterhin in dem Judenhaus in der Přemyslgasse wohnte, können wir dementsprechend als den für seine Frömmigkeit besonders geachteten Mann identifizieren, der über seiner

* Das läßt sich daraus schließen, daß Josef Lazar Borges in dem Familiantenbuch als nach Heřmanův Městec zugehörig geführt wird.

Kleidung die Schaufäden des Gebetmantels trug und jeden Tag, auch im Winter, in der Elbe badete. Und unter dem Vornamen Veit wäre dann der Arzt zu suchen, der sich taufen ließ.

In seinen Tagebüchern schildert Franz Kafka die Details der Familiengeschichte allerdings etwas anders. Nach seiner Darstellung war es sein Großvater Adam Porias, der täglich in der Elbe badete, und nicht dessen Bruder Markus. Und als einen besonders gelehrten Mann bezeichnet er seinen Ururgroßvater Isaak Borges, den Julie Kafka in ihrem Bericht überhaupt nicht erwähnt. »Ein noch gelehrterer Mann als der Großvater war der Urgroßvater der Mutter, bei Christen und Juden stand er in gleichem Ansehen, bei einer Feuersbrunst geschah infolge seiner Frömmigkeit das Wunder, daß das Feuer sein Haus übersprang und verschonte, während die Häuser in der Runde verbrannten.«[1] Mit der Feuersbrunst könnte der große Brand gemeint sein, der im Jahre 1800 die Stadt verwüstete. Eine zweite, noch weit größere Brandkatastrophe ereignete sich im Jahr 1832; sie legte beinahe die gesamte Stadt in Asche und verschonte auch das Judenhaus in der Přemyslgasse nicht.

Es ist schwer zu sagen, ob sich bei der Niederschrift die damals schon betagte Julie Kafka irrte, deren Schrift auch Zeichen der Müdigkeit trägt, oder Franz Kafka die Erzählung der Mutter falsch wiedergab. Trotz dieser kleinen Differenzen treten die Züge der Familie Borges/Porias klar hervor. Es sind einerseits tüchtige, aufstrebende Händler, die es wohl verstehen, ihre Position trotz der diskriminierenden Bestimmungen, denen die Juden unterworfen sind, zu festigen, andererseits aber tief religiöse Menschen mit stark ausgeprägten inneren Welten, Visionäre und Träumer mit Hang zum Extremen und Exzentrischen, selbstbestimmt bis eigenbrötlerisch. Diese Züge – »Empfindlichkeit, Gerechtigkeitsgefühl und Unruhe«[2], wie sie Franz Kafka charakterisiert – sind bei ihm wie auch bei seiner Schwester Ottla stark ausgeprägt. Gewöhnlich pflegt man sie als das

»Löwysche Erbe« zu bezeichnen; genauer wäre es eigentlich, von dem Borgesschen oder Poriasschen Erbe zu sprechen.

Die Stadt erholte sich ziemlich schnell von den Folgen der Feuersbrunst, die sie 1832 heimsuchte. Ende der dreißiger Jahre des vergangenen Jahrhunderts hatte Poděbrady etwa 2800 Einwohner – davon acht jüdische Familien mit insgesamt 36 Personen – und bestand damals aus 319 Häusern. Die Heilquellen, die den Ruhm von Poděbrady als Heilkurort für Herzkrankheiten begründeten, waren damals noch nicht bekannt; sie wurden erst am Anfang dieses Jahrhunderts entdeckt. Das in dieser Zeit schon existierende Eisenbad war ohne größere Bedeutung.

Im Jahre des Brandes wurde Lazar, der jüngere Bruder von Isaak Porias, Pächter des städtischen Brauhauses und erreichte damit die höchste soziale Stellung in der ortsansässigen jüdischen Gesellschaft. Aber auch Adam Porias und weitere Mitglieder der Familie waren angesehene Leute, die weiblichen Linien* sind dabei genauso bedeutend wie die männlichen.

Mit seiner Frau Sarah Levit (im Familiantenbuch als Levittner erwähnt) aus Kolín hatte Adam Porias zwei Kinder, den 1824 geborenen Sohn Nathan und die 1831 geborene Tochter Esther. Nathan, den Julie Kafka in ihrem Bericht nicht erwähnt, ging in die Familiengeschichte als der »verrückte Onkel Nathan« ein, ohne daß überliefert ist, worin seine Verrücktheit eigentlich bestanden haben soll. Esther Porias heiratete 1853 Jakob Löwy, Tuchhändler aus Humpolec, vermutlich einen Geschäftspartner des Vaters.

Jakob Löwy stammte aus einer in Humpolec alteingesessenen jüdischen Familie. Seine direkten Ahnen, die ursprünglich »Falg« hießen, finden sich schon im ältesten Verzeichnis der

* Floriana, die Schwester von Lazar Porias, war die Mutter des österreichischen Justizministers und bedeutenden Juristen Josef Unger, welcher wiederum seine Verwandte Emilie Porias aus einem anderen Zweig der Familie heiratete.

jüdischen Einwohner der Stadt aus dem Jahre 1719.[3] Unter den insgesamt zehn jüdischen Familien im Ort sind auch die Familien der Brüder Markus und Moises Falg aufgeführt. Sie waren aus Wien nach Humpolec gekommen. Humpolec war seit dem Mittelalter ein wichtiges Zentrum der Tuchmacherei, und auch die beiden Brüder Falg waren Tuchweber. Aus Wien brachten sie technische Neuerungen in ihrem Handwerk mit und trugen zur Belebung der kleinen jüdischen Gemeinde am Ort bei. Der »zugewanderte« Markus Falg wurde bald Vorsteher der jüdischen Gemeinde und machte sich um die Gründung des Friedhofes und der Chewra Kadischa, der Begräbnisbruderschaft, verdient.

Der Sohn von Markus Falg, Isaak Marek, hat seinen Vater in der Funktion des Vorstehers der Gemeinde »beerbt« und baute in den Jahren 1760 bis 62 in Humpolec die erste Synagoge. Lazar Isaak, der Sohn von Isaak Marek, nahm aufgrund des josefinischen Namensgesetzes von 1781 den Namen Löwy an. Er soll ein tüchtiger Geschäftsmann gewesen sein und das Vermögen der Familie vermehrt haben. Der erstgeborene Sohn von Lazar Löwy, Isaak, der Großvater väterlicherseits von Julie Kafka, wurde 1778 geboren und heiratete im Jahre 1803 Katharina Stein. Aus dieser Ehe gingen fünf Söhne hervor: Samuel, Aron, Michael, Leopold und Jakob. Nach dem Bericht von Julie Kafka hatten die fünf Brüder auch eine Schwester, deren Name aber nicht erwähnt ist.

Die Familie von Isaak Löwy gehörte zu den vermögendsten und angesehensten jüdischen Familien in Humpolec. Isaak Löwy besaß in der Stadt zwei Häuser und soll auch eine »israelitische« Gaststätte gepachtet haben. In der jüdischen Gemeinde genoß er wegen seines sozialen Engagements hohes Ansehen. Auf seine Initiative ging die Gründung eines wohltätigen Vereines und einer Stiftung zur Unterstützung der Armen (1857) zurück, der er 420 Gulden vermachte. Außerdem kaufte er für die Armen vier Plätze in der Synagoge. Von seinen Söhnen, der fünften Generation der Familie Löwy im Ort, blieben Samuel, Aron und Leopold als Geschäftsleute in Humpolec, Michael wurde Schneider, der Jüngste, der erst 1824 geborene Jakob – zwischen ihm und seinem ältesten Bruder Samuel bestand ein Altersunterschied von neunzehn Jahren – ging nach Poděbrady und heiratete dort Esther Porias. Julie Kafka war seine einzige Tochter.

Auch Jakobs Brüder waren in der jüdischen Gemeinde aktiv. Sowohl Aron als auch Michael und Leopold hatten nacheinander das Amt des Gemeindevorstehers inne. Nach dem Verzeichnis der Tuchmacher in Humpolec aus dem Jahre 1902 besaßen Leopold und seine Söhne Ernst und Ludwig den sechstgrößten Tuchmacherbetrieb im Ort mit insgesamt sechs mechanischen Webstühlen. Vor dem Ersten Weltkrieg sollen die Nachkommen von Leopold Löwy aus Humpolec nach Liberec, dem aufstrebenden Zentrum der modernen Textilindustrie, gezogen sein.

Auch Jakob Löwy, der Vater von Julie Kafka, stammte also aus einer frommen, traditionsreichen jüdischen Familie, die sich über Generationen hin durch Tüchtigkeit und auch in religiösen Dingen durch einen pragmatischen Zug auszeichnete. Einem nicht frommen Juden hätte Adam Porias kaum seine einzige Tochter zur Frau gegeben.*

*In dem Bericht von Julie Kafka lesen wir allerdings, daß die Brüder ihres Vaters, allesamt erfolgreiche Fabrikbesitzer, sich taufen ließen und dann nicht mehr Löwy, sondern Lanner hießen. Mit großer Wahrscheinlichkeit verwechselt hier Julie Kafka zwei Generationen der Familie Löwy und meint die Söhne Leopolds, Ernst und Ludwig, die zu Anfang dieses Jahrhunderts aus Humpolec nach Liberec (Reichenberg) weggezogen sind. Möglicherweise gerieten sie in dieser Stadt, die unter starkem Einfluß des Wiener Antisemiten Lueger stand, als Juden unter Druck und wollten dem ausweichen. Daß einer von Jakob Löwys Brüdern, die in dem kleinen Humpolec mit seiner traditionsreichen jüdischen Gemeinde lebten, sich taufen gelassen haben soll, ist so gut wie ausgeschlossen, zumal belegt ist, daß zwei von diesen Brüdern Funktionen in der jüdischen Gemeinde innehatten. Der

Nach dem Bericht von Julie Kafka brachte Esther Porias das elterliche Geschäft und das Haus auf dem Marktplatz als Mitgift in die Ehe. Nach anderen Angaben[4] hatte allerdings erst Jakob Löwy das Haus Nr. 17 auf dem Marktplatz erworben und dazu auch die Brauerei gepachtet. Damit gehörte auch die Familie Löwy zu den führenden jüdischen Familien in der Stadt.

In ihren insgesamt sechs Ehejahren bekamen Esther und Jakob Löwy vier Kinder, die Söhne Alfred, Richard und Josef und 1856 die Tochter Julie, die Mutter Franz Kafkas und seiner Schwestern. Bald nach der Geburt des jüngsten Sohnes Josef brach eine Tragödie über das Leben der Familie herein. Esther Löwy erkrankte an Typhus und starb, erst achtundzwanzig Jahre alt. Was dann geschah, spart Julie Kafka in ihrem Bericht wieder aus. »Von diesem Tode angefangen wurde die Großmutter trübsinnig, weigerte sich zu essen, sprach mit niemandem, einmal, ein Jahr nach dem Tode ihrer Tochter gieng sie spazieren und kehrte nicht mehr zurück, ihre Leiche zog man aus der Elbe«, steht über die Familienkatastrophe in Kafkas Tagebuch.[5] Nicht einmal ein Jahr nach dem Tode seiner ersten Frau hat Jakob Löwy wieder geheiratet, eine entfernte Verwandte von Esther Löwy, Julie Heller. Julie Löwy war damals vier Jahre alt. Adam Porias, der fromme Großvater, an den sich Julie Kafka als an einen Mann mit weißem langen Bart erinnerte, hat seine Frau nur um zwei Jahre überlebt. Als er starb, mußte die Sechsjährige »die Zehen der Leiche festhalten und dabei Verzeihung möglicher dem Großvater gegenüber began-

große Altersunterschied zwischen Jakob Löwy und seinen anderen Brüdern könnte diese Verwechslung der Generationen erklären. Auch der nächste Satz des Berichtes, in dem von dem Neffen Jakob Löwys die Rede ist – einem Brauereibesitzer im Prager Vorort Košíře, der zum Christentum übergetreten war –, läßt sich als Hinweis darauf verstehen, daß Julie Kafka ihre Cousins und nicht ihre Onkel meinte.

Jakob Löwy

gener Verfehlungen erbitten«[6]. Offensichtlich eine unvergeßliche Erinnerung für das kleine Mädchen.

Nun wuchs die verwaiste Julie Löwy in dem behäbigen einstöckigen Haus auf dem Poděbrader Marktplatz als gutbürgerliche Tochter auf. Das Leben in dem großen Haus und mit den fünf Brüdern, mit welchen sie sich ihr ganzes Leben lang gut verstand, verlangte ihr viel Disziplin ab. Das Leben war geregelt, gefaßt, für freies Spiel blieb wenig Platz. Die kleine Julie bemerkte auch, daß sie als Jüdin in der Stadt in ihrem Handeln und Verhalten einer strengeren Kontrolle unterworfen war als die anderen. Noch als alte Frau wird Julie Kafka –

wie die Enkelin Marianne Steiner erzählt –, wenn sie in der Prager Abendzeitung über ein Verbrechen liest, ihre Umgebung besorgt nach der Herkunft des Täters fragen: »Und war es nicht ein Jude?«

Der frühe Tod der Mutter, der Selbstmord der Großmutter und die zu frühe Wiederheirat des Vaters hinterließen in Julies Kindheit sicherlich Spuren; über ihre Stiefmutter verliert sie in ihrem Bericht, im Unterschied zur Schwiegermutter, kein Wort. Auch über ihren Vater Jakob wissen wir nur wenig.

Wie in allen besseren jüdischen Familien in den Städten wurde auch bei Löwys sicherlich Deutsch gesprochen, was natürlich nicht heißt, daß man die tschechische Sprache nicht beherrschte; Poděbrady war schließlich eine rein tschechische Stadt. Welche Schulbildung die junge Julie bekam, ist uns nicht bekannt. Da in Poděbrady nur eine tschechische Schule vorhanden war, wurde sie sehr wahrscheinlich – möglicherweise gemeinsam mit ihren Brüdern – von einem Hauslehrer (bocherim) unterrichtet. So war es jedenfalls in den wohlhabenderen jüdischen Familien üblich, wenn es keine deutsche Schule im Ort gab. Daß Julie Löwy eine tschechische Schule besucht haben soll, ist höchst unwahrscheinlich, wenn auch der Wechsel zwischen tschechischen und deutschen Schulen damals keine Seltenheit war. Die jüdische deutsche Schule wurde in Poděbrady erst 1871 eröffnet. Weil sie aber auch von tschechischen Kindern, die Deutsch lernen wollten, besucht wurde, wurde sie für die tschechischen Nationalisten zum Politikum und 1910 geschlossen.

Während die Brüder das Elternhaus nach und nach verließen und buchstäblich in die weite Welt hinausgingen, hatte Julie zu Hause auf eine Partie zu warten. Daß sie zwischendurch im elterlichen Geschäft ausgeholfen hat, ist zwar möglich, aber nicht sehr wahrscheinlich. Die Mischung aus Wohlstand und Bedrängnis, die sie in ihrer Kindheit und Jugend erfuhr, hat Julie Löwy geprägt und sie zu einer jungen Frau mit einem ausgewogenen Charakter geformt, selbstsicher, aber nicht anmaßend, diszipliniert, aber nicht ohne Herzensgüte, zurückhaltend, aber warm und zärtlich, tatkräftig und energisch, ohne herrisch zu sein, immer wieder zum stillen, aber wissenden Aushalten bereit.

Um 1876[7] hat Jakob Löwy das Haus und Geschäft in Poděbrady verkauft und ist nach Prag gezogen, weil, wie Julie Kafka in ihrem Bericht schreibt, »alle (ihre) Brüder in der Fremde waren«.*

Wenn auch Prag genauso wie Wien auf ältere wohlhabende Juden als Ruhesitz große Anziehungskraft ausübte, so mag es doch überraschen, daß der vitale Jakob Löwy, der fünfundachtzig Jahre alt wurde, sich schon mit zweiundfünfzig für das Privatisieren entschieden haben soll. War in Poděbrady vielleicht etwas geschehen, was die Familie veranlaßte, aus der Stadt wegzuziehen?

*Zu diesem Zeitpunkt trifft dies allerdings nur auf die beiden Brüder aus der ersten Ehe, Alfred und Josef, zu. Der 1876 erst elfjährige Siegfried war damals sicherlich noch zu Hause, möglicherweise auch der zweitjüngste, Rudolf, der erst fünfzehn Jahre alt war. Wenn man noch bedenkt, daß zu dem vermutlichen Zeitpunkt des Umzuges nach Prag der neunzehnjährige Richard, Sohn aus der ersten Ehe Jakob Löwys, der später in Prag ein Oberbekleidungsgeschäft besaß, schon seine Ausbildung zum Kaufmann in der Textilbranche abgeschlossen haben mußte und Rudolf später als Buchhalter in einer Brauerei tätig war, gab es im Hause Löwy doch zwei Söhne, die das väterliche Geschäft und die Brauerei hätten übernehmen können.

2

Alle Wege führen nach Prag

Hermann Kafka und Julie Löwy

Man kann davon ausgehen, daß der junge Hermann Kafka bis zu seiner Einberufung zum Militärdienst im Jahre 1872 im weiteren Umfeld seiner Heimatgemeinde Osek blieb, sei es als Angestellter im Textilgeschäft seines Verwandten Ludwig Kafka in Písek, sei es, daß er in der Umgebung von Strakonice den mobilen Handel mit Kurzwaren betrieb. Gesicherte Kenntnisse über seinen Verbleib in diesen Jahren gibt es allerdings nicht.

Als merkwürdig mutet in diesem Zusammenhang an, daß in der Note des Prager Magistrats an das Polizeipräsidium aus dem Jahre 1889, in der nach dem Wohnsitz seines Cousins Josef Rosenauer im Jahre 1873 nachgefragt wird, Hermann Kafkas Beruf mit Fleischhauer angegeben wird. Ob es sich nur um einen Fehler handelt oder diese Angabe einen wahren Kern enthält und Hermann Kafka ursprünglich vielleicht Fleischhauer wie sein Vater werden sollte, ist schwer zu sagen. Als Hermann Kafka im Frühjahr 1872 im »gewaschenen Zustande«, wie es die Vorschrift verlangte, vor der Musterungskommission erschienen war, wurde über die nächsten drei Jahre seines Lebens schnell entschieden. Stattlich, breitschultrig und groß, konnte er sich des Gefallens der versammelten Offiziere und Ärzte sicher sein. Soweit wir wissen, war Hermann Kafka gerne Soldat, er hat sich auch noch später an seine Militärzeit oft erinnert und, wenn er gut gelaunt war, sogar Militärlieder gesungen.[1]

Er leistete seinen Dienst in der Ergänzungskompanie des 2. Genie-Regiments, also bei den technischen Einheiten. Aus dem Militärdienst schied Hermann Kafka als Zugsführer aus, was etwa dem Rang eines Feldwebels gleichkam.

Für den jungen Hermann Kafka bedeutete der Militärdienst eine Begegnung mit einer ganz neuen Welt. Die k.u.k. Armee strahlte in diesen Jahren noch beträchtlichen Glanz aus, und etwas von diesem Glanz fiel auf jeden, der ihre Uniform trug, und sei es nur als einfacher Soldat. In Uniform, mit allen Abzeichen, hat auch Hermann Kafka eine Aufwertung seiner Person erfahren. Daß sich hinter der glanzvollen Fassade Öde und Leere verbargen, konnte der wenig reflektierende, von außen geleitete Mensch Hermann Kafka nicht erkennen, zumal er in seiner Militärzeit wohl besser lebte und weniger Anstrengungen ausgesetzt war als je zuvor. Einen Teil seines Soldes hat er sogar nach Hause schicken können, wie er später betonte. Er nahm nur die Oberfläche des Soldatenlebens wahr. Die Lebensart, die die Offiziere vorexerzierten, die Mischung aus Drill und Operette, die den Geist der Armee ausmachte, übten auf den jungen Hermann einen nachhaltigen Eindruck aus, und in diesem Sinne wurde die Militärzeit zu seiner »Universität«. Hier in der Armee bekam er das Wenige an Schliff, das er besaß; hier lernte er wohl auch das Kartenspiel, seine wichtigste Freizeitbeschäftigung, und die unverbindliche Kumpelhaftigkeit. Der Wiener Walzer, die leichtlebige Muse prägten seitdem auch seinen kulturellen Horizont. »Hätte der Franz«, so soll er sich später geäußert haben, »wenigstens so etwas wie ›Die fünf Frankfurter‹* geschrieben, dann hätte er etwas Bleibendes hinterlassen.«[2] In den drei Jahren beim Militär ist für ihn wohl auch die alte Lebenswelt von Osek mitsamt der Einhaltung der jüdischen Essensvorschriften definitiv in die Ferne gerückt. Als Orientierungspunkt für die eigene Gattenwahl blieb nur die Person der Mutter. Den Landjuden hatte

* In dieser Zeit populäre Operette von C. Rössler, eine idealisierte Darstellung des Aufstiegs der Familie Rothschild.

Hermann Kafka (?) in Uniform

Hermann Kafka zwar abgestreift, die selbstverständlichen Standards eines Angehörigen des Mittelstandes hat er aber, mit Ausnahme der materiellen Voraussetzungen, nie ganz erreicht. Kulturell blieb Hermann Kafka zeitlebens ein Mensch im Niemandsland.

Nach der Entlassung aus dem dreijährigen Militärdienst – er konnte jetzt als ein »fertiger Mann« gelten – begann sich Hermann Kafka offensichtlich bald in Richtung Prag zu orientieren, was für einen aufstrebenden jungen Juden in dieser Zeit auch naheliegend war. Hermann Kafka war in dieser Hinsicht kein Einzelfall, er gehörte dem breiten Strom der Juden an, die aus den böhmischen Provinzen in die Städte strömten. Prag war in dieser Hinsicht die erste Wahl. Es bot nicht nur größere Aufstiegschancen, es genoß auch besonderes Ansehen als der Sitz der größten, ältesten und traditionsreichsten jüdischen Gemeinde im Böhmischen Königreich, die sich über Jahrhunderte als Repräsentantin aller Juden im Lande verstand. (Was allerdings im 19. Jahrhundert auf wachsende Kritik seitens der anderen jüdischen Gemeinden gestoßen war.)

Die Entscheidung fiel Hermann Kafka um so leichter, als zu dieser Zeit bereits einige seiner nächsten Verwandten in Prag Fuß gefaßt hatten. Um 1872 verlegte Hermanns Cousin Angelus Kafka seine Wein- und Likörgroßhandlung nach Prag. In seinem Haus in der Platnéřská 13 (Plattnergasse; Konskriptionsnummer 90-I) beherbergte er weitere Mitglieder der Familie: die jüngeren Brüder seines Vaters, Salomon und Leopold.[3] Außerdem absolvierte auch Angelus' jüngerer Bruder Moritz sein Jurastudium in Prag und war hier, im Englischen Hof auf Poříč, nachweislich schon 1871 wohnhaft.

Wie schnell und wann genau Hermann Kafka den Umzug nach Prag vollzogen hat, ist schwer zu sagen. Jedenfalls ist das bisher tradierte Bild des armen Hausierers und »Pinkeljuden«[4] Hermann Kafka, der am Rande des heruntergekommenen Ghettos haust, spätestens für das Jahr 1880 korrekturbedürftig. Nachweislich wohnte er seit 1880 bis zu seiner Heirat im Jahre 1882 nicht, wie bisher angenommen[5], am Rande des Ghettos in dem Haus Nr. 30-I an der Ecke von Kaprová (Karpfengasse) und der heutigen Maiselova, sondern in dem Haus seines Cousins Angelus in der Plattnergasse 13. Offensichtlich leistete dieser auch seinem Cousin Hermann in dessen ersten Jahren in Prag Hilfe. Daß ihn Hermann Kafka zum Paten seines Erstgeborenen Franz wählte, geschah wohl auch

Der Altstädter Ring um 1900

aus Dank und Anerkennung dafür. Wenn Hermann Kafka später gegenüber seinem Sohn die Wichtigkeit der Pflege der familiären Beziehungen betonte, sprach aus ihm nicht nur die jüdische Tradition, sondern auch persönliche Erfahrung.

Auch die Korrespondenz aus der Verlobungszeit mit Julie Löwy läßt eher auf die Position eines Firmenvertreters als eines Hausierers schließen. Wohnhaft in Prag, war Hermann Kafka in der Woche in ganz Böhmen unterwegs, besuchte die Kundschaft, kaufte aber wohl auch Ware für das Prager Geschäft ein. Nicht uninteressant ist auch, daß er eine Frau als Chefin – als Prinzipalin, wie man sagte – hatte. In den damaligen Verhältnissen konnte es sich nur um eine Witwe handeln, die nach dem Tode ihres Mannes das Geschäft weiterführte.

Als Hermann Kafka in der zweiten Hälfte der siebziger Jahre nach Prag kam, stand der Stadt ihre Entwicklung zu einer modernen Metropole noch bevor. Der Prozeß der Industrialisierung hatte sie aber bereits erfaßt. Überall an der Peripherie wuchsen neue Fabriken aus dem Boden empor und verwandelten die früheren malerischen Vororte wie Libeň, Holešovice oder Karlín in Industriezentren. Mit der Entwicklung der

Industrie änderte sich auch die Bevölkerungsstruktur der Stadt. Nicht nur junge Dorfjuden wollten in der Prager Geschäftswelt Fuß fassen; ebenso suchte auch die tschechische Landbevölkerung in der Stadt nach Beschäftigungsmöglichkeiten. Dieser Zuzug beschleunigte die Verwandlung Prags in eine tschechische Stadt. Seit 1861 besaß sie einen tschechisch geführten Magistrat. Die Zahl der Deutschen war zwar seit den dreißiger Jahren konstant geblieben, das Verhältnis zwischen den beiden Bevölkerungsgruppen hatte sich aber zugunsten der Tschechen verschoben. Nur die Immigration der Juden aus den böhmischen Provinzen stärkte noch das deutsche Element in Prag. Wenn auch in der Minderheit, bildeten die Deutschen jedoch weiterhin die oberen Gesellschaftsschichten, während das tschechische Bürgertum mit Ausnahme einer schmalen Bildungselite erst im Entstehen begriffen war. Bei all den Erfahrungen, die sie in ihrer Geschichte gemacht hatten, lag es für die Juden nahe, sich der herrschenden »deutschen Partei« anzuschließen. Auch Hermann Kafka, der laut Max Brod gewisse Sympathien für die tschechischen Emanzipationsbestrebungen hegte, wählte schließlich diesen Weg. Solange jede der Bevölkerungsgruppen ihre traditionelle Rolle spielte – die Tschechen diejenige des einfachen Volkes, die Juden die der beherrschenden Kraft innerhalb der Geschäftswelt und die Deutschen, privilegiert durch den deutschen Charakter des österreichischen Staates, die Rolle der Oberschicht – blieben die vorprogrammierten Konflikte latent. Das begann sich zu ändern, als die neue Generation der »Jungtschechen« einen Anteil an den besseren Positionen in der Gesellschaft für sich beanspruchte, die die deutsche Oberschicht für ihr angestammtes »Kapital« und Recht hielt. In einer Zeit, in der große Teile der Bevölkerung – durch die starke Migration aus ihren traditionellen Bindungen herausgerissen – nach einem neuen »gemeinsamen Nenner« suchten und ihn in der sprachlich

Der Prager Stadtteil Smíchov um 1900

definierten Nation fanden, wurde der deutsche wie auch der tschechische Nationalismus zum Vehikel dieser sozialen Umverteilungskämpfe. In der Situation der zunehmenden nationalen Polarisierung gerieten die Juden zwischen beide Fronten. Für die aufstrebenden Tschechen, die nur die wirtschaftliche Macht der Juden und ihre Neigung zur Deutschtümelei sahen, nicht aber deren historischen Ursachen, zählten sie zum deutschen Teil der Gesellschaft, für die Deutschen in Österreich hingegen waren sie letztlich nur die unsicheren Kantonisten. Leicht wurden die Juden so zum Sündenbock für allerlei Mißstände und Ungerechtigkeiten, die der frühe Kapitalismus mit sich brachte. Der Antisemitismus eignete sich vorzüglich dazu, von den tatsächlichen Ursachen der sozialen Probleme und Spannungen abzulenken und den Ohnmachtsgefühlen der unteren Schichten der Bevölkerung ein Ventil zu bieten. Die entscheidende Auseinandersetzung darüber, ob die tschechische Emanzipationsbewegung in den Schlepptau des Antisemitismus geraten würde oder nicht, stand zu dieser Zeit allerdings noch bevor und wurde erst am Ende des Jahrhunderts im Zusammenhang mit dem Hilsner-Prozess ausgetragen.[6]

In den späten siebziger Jahren des 19. Jahrhunderts war von den anschwellenden Konflikten allerdings noch nicht viel zu spüren, und die Straßen Prags boten ein Bild der Geschäftigkeit, welches wir heute als malerisch bezeichnen würden. Die Straßen und Gassen des alten Prag dienten zu dieser Zeit nicht nur dem Verkehr. Sie waren Orte des Lebens, bevölkert von einer Menge Menschen, die hier den unterschiedlichsten Tätigkeiten nachgingen – von den Straßenköchinnen mit ihren mobilen Öfchen, die das Essen oft nur auf die Hand für zwei Kreuzer servierten, bis hin zu den Dienstmädchen, die unaufhörlich schwere Bütten mit Wasser trugen; denn die Wasserleitungen endeten in der Regel in den Kästenbrunnen auf den Straßen, von wo die gesamten Wasservorräte in die Haushalte geschleppt werden mußten. Die Brunnen, im Sommer Orte der Kommunikation, wurden für den Winter mit einer Holzverkleidung versehen, die zur Vermeidung von Frostschäden mit einer isolierenden Mischung aus Mist und Stroh vollgestopft war. Und so kündigte sich der Frühling in der Stadt auch damit an, daß die Brunnen von den Verkleidungen wieder befreit und an Feiertagen durch eine besondere Vorrichtung zu Fontänen umgestaltet wurden.

Die Prager Mietshäuser blieben zwischen zehn Uhr abends und sechs Uhr morgens geschlossen. Bis zur Schließstunde hielten einige Lebensmittelhändler ihre Geschäfte offen, bereit, auch die späte Kundschaft zu bedienen. Sobald die Häuser wieder geöffnet wurden, bevölkerten die Milchweiber mit ihren von Hunden gezogenen Wägelchen die Straßen und machten sich durch Zurufe bemerkbar. Etwas später wurde in den Höfen die Kohle feilgeboten und gleich in die Wohnungen gebracht, denn nur die wenigsten Häuser verfügten in dieser

Im ehemaligen Prager Ghetto

Zeit über einen Kohlenkeller. Etwas später waren schon die Lumpensammlerinnen und Lumpensammler, meistens arme alte Juden, von Hof zu Hof unterwegs. Sie konnten alles gebrauchen, von alten Kleidungsstücken über Glas bis hin zu Knochen. Das Recycling funktionierte perfekt.

Besonders lebendig und etwas anrüchig ging es im Fünften Prager Bezirk, dem ehemaligen Judenviertel zu, das sich inzwischen, nachdem die wohlhabenderen Juden in die umliegenden Gassen gezogen waren, zu einem richtigen Prager Milieu entwickelt hatte. Nur am Sonntag vormittag tauchte hier bei den berühmten Tandlermärkten auch das bessere bürgerliche Publikum auf, um nach seltenen Büchern und allerlei alten Gegenständen Ausschau zu halten. An einigen Stellen waren in dieser Zeit noch die letzten Reste der »Schnüre« zu sehen, jener Drähte, die, über die Straßen gespannt, früher die Grenze zwischen der Altstadt und dem Ghetto markiert hatten.

Dies alles muß auch Hermann Kafka gesehen haben, als er in der zweiten Hälfte der siebziger Jahre nach Prag kam. Ob er aber die Atmosphäre der Altstadt so genießen konnte wie der Chronist des alten Prag, Ignát Herrmann[7], ist fraglich. Viel zu sehr war sie für ihn mit jener Armut verbunden, der er gerade entkommen war und in die er um keinen Preis wieder geraten wollte. Das war der Schmutz des Lebens, von dem er später auch seine Kinder fernhalten wollte. In das Werk seines Sohnes Franz, der als Kind die Reste dieser alten Welt noch erlebte, fand diese, in einen Alptraum verwandelt, Eingang.

Zu Beginn der achtziger Jahre begann Hermann Kafka sich mit dem Gedanken zu tragen, ein eigenes Geschäft zu eröffnen. Erfahrungen in dieser Hinsicht hatte er bereits ausreichend gesammelt. Es schloß für ihn gewissermaßen automatisch mit ein, auch zu heiraten und eine Familie zu gründen. Er war schon fast dreißig Jahre alt. Daß bei seiner Suche nach einer geeigneten Braut die Frage der Mitgift zur Verbesserung der Startchancen eine Rolle spielte, ist sehr wahrscheinlich.

Unweit seiner Wohnung in der Platnéřská wartete in dem vornehmen Haus Smetana an der Ecke vom Altstädter Ring und der Eisengasse die inzwischen beinahe sechsundzwanzigjährige Julie Löwy auf einen Bräutigam. Zu heiraten und Kinder zu haben ist das einzige Lebensziel, das sich eine Tochter aus einer mittelständischen jüdischen Familie aus der Provinz vorstellen kann. Die junge Julie wurde sicherlich an der Führung des Haushaltes beteiligt – das sollte sie schließlich auch lernen –, ansonsten aber führte sie, wie viele jungen Frauen ihrer Zeit, das untätige Leben einer Tochter aus einem besseren Hause. Ihre Energie und Festigkeit waren nicht gefragt. Obwohl es in Prag auch für Mädchen aus bürgerlichen Kreisen schon die Möglichkeit einer selbständigen Existenz gab – denn die armen Frauen waren schon immer erwerbstätig gewesen –, nahmen Julie Löwy und ihre Familie dies kaum wahr, und in diesem Sinne haftete ihnen doch der Konservativismus der Provinz an. Ihre eigenen Töchter wird Julie Löwy später ähnlich erziehen. Auch sie bekommen eher das Minimum dessen mit auf den Weg, was für Frauen um die Jahrhundertwende an Schulbildung schon erreichbar ist.

Eine Rolle dabei spielt sicher die starke Stellung der Frau in der traditionellen jüdischen Familie. Erst die Aushöhlung der alten Traditionen infolge Emanzipation und Assimilierung – was zugleich die Anpassung an die Lebensweise der christlichen Umgebung bedeutete – hat auch die jüdischen Frauen den Funktionsverlust der Familie und damit die Schwächung ihrer eigenen Position erkennen lassen und sie für die Gedanken der Frauenbewegung offener gemacht. In dieser Hinsicht waren die jüdischen Frauen in Prag gut eine Generation hinter ihren tschechischen Geschlechtsgenossinnen zurück.

Es mag überraschen, daß Julie Löwy, Tochter aus einem wohlhabenden Hause und sicherlich auch mit einer guten Mitgift ausgestattet, mit sechsundzwanzig Jahren noch nicht verheiratet war. Hermann Kafka war sicherlich nicht der erste Mann, der um sie warb. Vor ihm muß es schon gescheiterte Versuche gegeben haben, für sie einen Mann zu finden. Sie wußte jedenfalls, was sie an ihm hatte, ohne sich Illusionen hinzugeben.

Der erste Kontakt zwischen Hermann Kafka und Julie Löwy kam wohl, wie damals üblich, durch eine Heiratsvermittlung zustande. Sehr wahrscheinlich haben sich die beiden kurz gesehen, bevor Hermann Kafka, geschäftlich in Böhmen unterwegs, ihr am 9. Juni aus Tábor auf einem mit blauem Monogramm versehenen Briefpapier seinen ersten Brief schrieb.[8] Der professionelle Heiratsvermittler muß Hermann bei den Formulierungen geholfen haben, so überschwenglich und übertrieben ist er in seiner Ausdrucksweise – vom holden Wesen Julies ist da etwa die Rede. Erfreut über seinen Brief, antwortet Julie in einem viel ruhigeren Ton und kündigt gleich den Besuch des Bruders Alfred aus Paris an, der ihn, den lieben Herrn Kafka, gerne kennenlernen würde, wie schon ihr Bruder Richard, der ihn gleich liebgewonnen habe. Aus dieser Anmerkung läßt sich schließen, daß die beiden Männer sich irgendwo unterwegs begegnet waren und Richard Löwy in dieser Zeit nicht mehr zu Hause wohnte und vielleicht ebenfalls als Vertreter außerhalb von Prag arbeitete.

Die beiden jungen Menschen gehen sehr schnell zum Du über und verstehen sich als Brautleute. Die Ortsangaben in den Briefen geben Überblick über die Reisetätigkeit Hermann Kafkas, der offensichtlich meistens nur am Wochenende in Prag war. Er schreibt seine Briefe aus verschiedenen Orten im Norden wie im Süden Böhmens, immer unter Druck, weil er entweder einen Termin mit einem Kunden hat oder die Post bald abgeht. Die Briefe an sein »liebes Julchen« sind zärtlich, viel zu sagen hat aber Hermann Kafka nicht. Mit keinem Satz geht er auf seine Umgebung, seine Eindrücke ein, auch über seine Tätigkeit berichtet er kaum. Sie lassen keine starke Persönlichkeit, eher einen durchschnittlichen Menschen erkennen.

Ende Juli fährt Hermann Kafka mit dem Bruder Filip aus Kolín nach Wien, um hier Ware einzukaufen. Mit großer Wahrscheinlichkeit handelt es sich schon um die Einkäufe für das zukünftige Geschäft, bei denen der erfahrenere Bruder Hilfe leistet. Nach dessen Abreise fürchtet sich Hermann vor Langeweile an den Abenden, die er sonst mit seinem viel lustigeren Bruder zu verbringen pflegte. Wohin überall die beiden Brüder abends gingen, kann man sich denken. Es war jener Teil des Männerlebens, der mit Liebe, Ehe und Treue nichts zu tun hatte. Daß Hermann Kafka zu diesen Dingen eine pragmatische Einstellung hatte, läßt seine Reaktion auf die Fragen seines Sohnes im »Brief an den Vater« erkennen.[9]

Julie Löwy als Braut (1882)

Julie Löwy, der ihr Bräutigam rät, »viel spazieren zu gehen«, hat in dieser Zeit mit der Komplettierung ihrer Aussteuer alle Hände voll zu tun. Trugen die älteren Stücke das Monogramm J.L., werden jetzt schon die Initialen ihres zukünftigen Namens J.K. eingestickt.[10]

Am 3. September 1882 werden Hermann Kafka und Julie Löwy nach dem jüdischen Ritus getraut. Anschließend findet im Hotel Goldhammer auf dem Altstädter Ring die Hochzeitsfeier statt. Unmittelbar vor oder nach der Eheschließung wird an der Nordseite des Altstädter Ringes in der Nummer 929-I das Geschäft mit »Zwirn, Baumwolle und Galanteriewaren« eröffnet, wie es die Note an das Prager Polizeipräsidium vom 19. August ankündigt.

Am 14. September 1882 wird Hermann Kafka dreißig Jahre alt. Bisher hat er alles erreicht, was er sich vorgenommen hat.

Das Ehepaar Kafka

Der Heiratsvermittler, der Julie Löwy und Hermann Kafka vermutlich zusammenführte, hatte eine ausgesprochen glückliche Hand. Hermann Kafka hätte kaum eine bessere Frau als Julie Löwy bekommen können. Ruhig, zurückhaltend, aber nicht ohne Energie, wurde sie für ihn im Geschäft bald zu einer unentbehrlichen Hilfe. Er wollte sie ständig um sich haben. Sie sollte mit ihm nicht nur den Arbeitstag teilen, er erwartete auch, daß sie mit ihm jeden Abend Karten spielte. Aufgrund ihrer Herkunft und ihres kulturellen Horizontes war Julie Kafka ihrem Mann überlegen, aber gerade das imponierte ihm wohl. Auch dies war für ihn ein Zeichen seines gesellschaftlichen Aufstiegs. Und so hat er seine Frau nicht nur geliebt, er hatte auch Respekt vor ihr. »Du bist immer liebend und rücksichtsvoll zu ihr gewesen«[1], wird ihm sein Sohn später bescheinigen. Daß der Großvater zur Großmutter aufschaute, bestätigt auch die Enkelin Marianne Steiner.

In der Beziehung zu seiner Frau orientierte sich Hermann Kafka offensichtlich an der Beziehung zu seiner Mutter. Julie wurde zum ruhenden Pol seiner Existenz. Die Achtung, die er der Mutter entgegenbrachte, wurde auf Julie übertragen. Nur so ist es zu erklären, daß Julie nie – wie alle anderen in seiner

Umgebung – zum Objekt seines Jähzorns und seiner wilden Schimpfereien wurde, als wäre sie von einer Art Tabuzone umgeben (hätte er sich anders verhalten, hätte der Sohn sicherlich eine Notiz darüber hinterlassen). Auch der anerkennende Satz, den Julie Kafka in ihrem Bericht der Schwiegermutter widmet – sie spricht von ihr als einer »zarten und fleißigen Frau«, die ihre Kinder »trotz aller Mühe und Plage gut erzog« – deutet auf diese Spur von Franziska Platowski in ihrer Ehe hin. Beiden Ehen lag offensichtlich eine ähnliche Konstellation zugrunde: ein großer starker Mann mit tyrannischen Zügen, der ein wenig darüber verwundert ist, was man mit viel geringerer körperlicher Kraft auch leisten und bewältigen kann. Die jüdische Tradition der starken Position der Frau und Mutter im familiären und häuslichen Bereich – das »verborgene Matriarchat« – ermöglichte es den Männern, gegenüber ihren Frauen »schwach« zu sein, ohne dies als Schwäche zu empfinden.[2]

Die rituellen Vorschriften, die das sexuelle Leben innerhalb der jüdischen Ehe regelten und auf den Menstruationszyklus der Frau abgestimmt waren, bedeuteten eine sexuelle Selbstbestimmung der Frau, und gemeinsam mit der traditionell vorgeschriebenen Rücksicht des Mannes auf ihre Befindlichkeit stärkten sie die Stellung der Frau im häuslichen Bereich. Sie wirkten auch dann noch nach, als die Westjuden zu »Übergangsmenschen« (F. Kafka)[3] zwischen Tradition und Moderne wurden.

Aber auch Julie Löwy hätte kaum einen besseren Mann finden können. An der Seite eines Mannes, der ihr, was Herkunft und Vermögen anbelangt, ebenbürtig gewesen wäre, hätte sie vielleicht, wie so viele bürgerliche Frauen ihrer Zeit, ein bequemeres Leben führen können. Von ihren Gaben, ihrem Sinn für Lebenspraxis, hätte sie dann aber kaum etwas realisieren können. Nur zu repräsentieren, die Rolle der Ehefrau zu spielen, hätte sie wohl nicht erfüllt. Der gewisse Statusverlust, der die Heirat mit Hermann Kafka für sie bedeutete, wurde durch den Gewinn an Freiraum wieder ausgeglichen. Gerade die soziale Ungleichheit machte es für sie leichter möglich, ihre »Selbständigkeit in kleinsten Grenzen schön und zart«[4] und ohne ihren Mann »jemals wesentlich zu kränken« zu bewahren. An Hermann Kafkas Seite wurde sie aber auch gefordert, was ihrer Energie und Tüchtigkeit entsprach. »Ich bin jetzt wieder flott im Geschäfte, da fast unser ganzes männliches Personal assentiert wurde und befinde mich dabei fast wohler wie in Franzensbad. Wenn man das Rackern gewöhnt ist, kann man sich an Ruhe u. Müßiggang nur schwer gewöhnen«, wird sie im Jahre 1916 an Anna Bauer, die Mutter von Felice, der Verlobten ihres Sohnes, schreiben.[5]

Nicht zuletzt war Hermann Kafka allerdings auch ein gutaussehender, stattlicher Mann. Den Willen, mit dem er sich aus kleinen Verhältnissen emporgearbeitet hatte, wußte Julie zu schätzen. Sie war ihm treu und liebend ergeben, aber nicht willenlos unterworfen. Sie achtete ihn, schaute aber zu ihm nicht auf. Innerhalb ihrer Beziehung war sie sicherlich der bewußtere, reflektierendere Teil. Wenn die Ehe von Hermann und Julie Kafka einstimmig von allen, die sie kannten oder zur Familie gehörten, als ausgesprochen glücklich und harmonisch bezeichnet wurde, dann war dies vor allem ihr Verdienst.

Oft mißgestimmt, laut und polternd, einer unberechenbaren Naturgewalt gleich, bestreitet Hermann Kafka seinen Lebensweg. Leise, freundlich, glättend und zurückhaltend geht Julie den ihren. Das, was sie leistet, ist für sie eine Selbstverständlichkeit, ein Bestandteil ihrer Identität als Frau. Darin unterscheidet sie sich von ihrem Mann und ergänzt ihn zugleich. Während er nur die eigene Leistung sieht und fast monomanisch (Klaus Wagenbach), wenn auch durch seine Rolle als Ernährer der Familie legitimiert, seinen individuellen Erfolg anstrebt, ist für sie das Wohl der gesamten Familie oberstes

Lebensziel. Ihr geht es nicht um die individuelle Leistung, sie ist auf Ausgleich bedacht. Und das gibt ihr die Kraft. »*Er* [...] hatte es, da *wir beide* sehr fleißig waren, zu einem geachteten Mann gebracht«, schreibt sie, ganz bezeichnend für ihr Selbstverständnis, in ihrem Bericht. Hermann Kafka dagegen wird mit den Jahren das Geschäft in zunehmendem Maße mit seiner eigenen Person identifizieren. Wer ihn nicht schont, schadet auch dem Geschäft. Dabei ist Hermann Kafka sicherlich kein schlechter Mensch und auch nicht gefühlskalt. »Du hast auch eine besonders schöne, sehr selten zu sehende Art eines stillen zufriedenen, gutheißenden Lächelns, das den, dem es gilt, ganz glücklich machen kann«[6], schreibt sein Sohn und erinnert sich noch, wie sich der Vater »bei einer schweren Krankheit der Mutter zitternd vom Weinen am Bücherkasten« festhielt oder ihn, als er krank war, aus Rücksicht nur mit einer Handbewegung von der Schwelle des Zimmers still grüßte und den Hals ausstreckte, um ihn wenigstens zu sehen. Auch in finanziellen Dingen muß Hermann Kafka recht großzügig gewesen sein. Weder in Kafkas Tagebüchern noch in der Familienkorrespondenz ist Finanzielles ein Thema, was bei den Kosten, die Franz' Krankheit verursachte, nicht überraschen würde. Seinen Enkelkindern gegenüber wird er schließlich ein liebevoller Großvater sein. Er hat nur nie gelernt, mit seinen Gefühlen umzugehen und sie zu kontrollieren. Er ist, so wie er ist, ein unbehauener Stein.

Mit seiner starken Stimme, der Neigung zu Nörgelei und Jähzorn und seinen tyrannischen Zügen beansprucht Hermann Kafka zwar viel Raum, die stärkere Persönlichkeit in der Beziehung ist aber nicht er, sondern seine Frau. Man schaue sich nur die alten Fotografien des Paares genau an. Fast immer steht er mit gespreizten Beinen da, als müßte er um sein Gleichgewicht fürchten, den Arm um die Schulter seiner Frau gelegt, zärtlich zwar, aber doch nach einer Stütze suchend. Seine Autorität beruht vor allem auf der Furcht, die er mit seinen Gebärden erzeugt. Erst auf den Bildern aus seinen letzten Lebensjahren, die er wegen seines Herzens im Rollstuhl verbringt, wirkt er erstaunlich gelöst, als wäre er selbst froh darüber, den Lebenskampf hinter sich zu haben.[7]

Während die Beziehungen zu Hermann Kafka in seiner nahen wie auch weiteren Umgebung vor allem durch die Angst vor seinem Jähzorn und seiner Ungeduld dominiert wurden, so erfreute sich seine Frau einer ungeteilten Achtung, Anerkennung und Zuneigung. Als eine »stille, gütige, außerordentlich kluge, ja weisheitsvolle Frau«[8] wird sie mit ausgesprochener Sympathie von Max Brod beschrieben, und auch Robert Klopstock, der ärztliche Betreuer Franz Kafkas, sprach mit Hochachtung über sie. Die Enkelinnen erinnern sich insbesondere an ihre zärtliche Umgangsart, und Ida Bergmann[9], aus der Generation der Neffen und Cousinen, sprach sogar von einer Vergötterung Julies im Verwandtenkreis. Eine schöne, für das Verhalten von Julie Kafka wohl recht typische Szene hat auch die ehemalige Erzieherin bei der Familie Kafka, Anna Pouzarová, festgehalten.[10] Am Sonntag nachmittag, als sie gerade in der Küche einen Brief an ihre Eltern schreibt, kommt Julie Kafka herein und streichelt ihr von hinten übers Haar. In Gedanken dreht sich das junge Mädchen um und spricht sie mit Mutter an. Als sie sich für ihr ungebührliches Verhalten entschuldigen will, streichelt Julie Kafka ihr über die Wange und beruhigt sie mit der Bemerkung, sie wäre doch Mutter von vier Kindern.

So ausgeprägt die Individualität von Hermann Kafka und Julie Löwy auch war, stellten beide zugleich auch typische Vertreter ihres Standes und ihrer Zeit dar. Hermann Kafka war bei weitem nicht der einzige Mann aus dem Mittelstand, der mit lauter Stimme und strengem Regiment das Leben zu meistern suchte. Und nicht nur Franz Kafka, fast alle seine Generationsgenossen hatten mit ihren Vätern Probleme. Ebenso trägt auch Julie Kafka typische Züge einer Gründerzeitfrau des kaufmännischen Mittelstandes. Den Haushalt und das Personal zu führen, im Geschäft ihren Männern beizustehen, mehrere Kinder zur Welt zu bringen und in der Familie ausgleichend und vermittelnd zu wirken, war für Frauen ihres Standes eine Selbstverständlichkeit. Julie Kafka stellt hier keine Ausnahme dar. Verglichen mit der Generation dieser tüchtigen und tätigen Mütter wird der Wirkungskreis ihrer Töchter, der sich in der Regel auf die Familie mit einer reduzierten Kinderzahl beschränkte – die drei Töchter von Julie Kafka bilden hier keine Ausnahme – enger und auch ärmer, wie angenehm sich ihr Leben auch gestalten mag. Erst die nächste, die Enkelinnengeneration, wird wieder nach einem selbständigeren Platz im Leben suchen. Zu dieser Generation wird auch die Autorin der ersten Dissertation über Kafkas Werk, Mathilde Sladký, gehören.

Der kleine Franz

Das neu gegründete Geschäft erforderte in den ersten Monaten seiner Existenz viel Arbeit – für Flitterwochen hatte das junge Paar keine Zeit. Und sicherlich waren die ersten Monate auch mit viel Unsicherheit verbunden.

Gleich im ersten Ehemonat wurde Julie Kafka schwanger; angesichts all der Aufgaben, die das Ehepaar zu bewältigen hat, eine weitere Belastung für die junge Ehefrau. Am 3. Juli 1883, auf den Tag genau zehn Monate nach der Eheschließung, wird Julie von einem Jungen entbunden, der den kaisertreuen Vornamen Franz bekommt. Es ist ein zartes, aber gesundes Kind, wie Julie Kafka in ihrem Bericht schreibt. Diese zwei Worte sagen eigentlich alles über das Neugeborene. Für Hermann Kafka ist es aber vor allem der Sohn. Acht Tage nach der Geburt wird der kleine Franz beschnitten. Bei der Zeremonie hält ihn sehr wahrscheinlich der Pate, Hermanns Cousin Angelus Kafka, auf dem Schoß. Es ist nicht anzunehmen, daß der Großvater Jakob zur Beschneidung seines siebten Enkels aus Osek gekommen sein soll, um ihn, wie es die jüdische Sitte will, selbst zu halten, zumal er erst zehn Monate vorher gemeinsam mit seiner Frau zur Hochzeit nach Prag gereist war.

Ob Julie Kafka ihren Erstgeborenen selbst stillte oder, wie es damals üblich war, einer Amme anvertraute, wissen wir nicht. Wahrscheinlich hat sie bald wieder im Geschäft ausgeholfen, was bei der geringen Entfernung zwischen der Wohnung im Haus an der Ecke von Maisel- und Karpfengasse und dem Geschäft an der Nordseite des Altstädter Ringes kein Problem darstellte, selbst wenn sie gestillt haben sollte. Es ist nicht sicher, ob für die Pflege des kleinen Franz gleich ein Kinderfräulein eingestellt wurde oder das bereits im Haushalt arbeitende Dienstmädchen auch die Pflege des Neugeborenen übernahm. Kinder der Obhut des Hauspersonals anzuvertrauen war damals in den bürgerlichen Familien jedenfalls üblich. In der Regel hatte schon jede Handwerksfamilie ein Dienstmädchen. Beim großen Umfang der Arbeiten in den damaligen Haushalten – man denke nur an das Wasserschleppen – war dies auch eine Notwendigkeit. Und bei den geringen Löhnen der Dienstboten kaum eine Kostenfrage.

Die Hausangestellten, meistens Mädchen vom Lande, bildeten eine selbständige, nach den Funktionen, die sie erfüllten, hierarchisch gegliederte soziale Gruppe – von den Mägden, Dienstmädchen, Köchinnen, Kinderfräuleins bis hin zu den Haushälterinnen, die sich als »Stütze der Hausfrau« bezeichneten – und zugleich eine Subkultur. Ihre Position in den Familien machte sie zu einer Art Bindeglied zwischen den oberen und unteren Gesellschaftsschichten und gab ihnen die Chance

Das früheste Kinderbild von Franz Kafka (etwa ein Jahr alt; 1884)

auf einen sozialen Aufstieg. Nicht gerade selten wurden die Hausangestellten zu den eigentlichen Bezugspersonen der Kinder. Den heranwachsenden Jungen vermittelten sie oft die ersten Erfahrungen mit dem anderen Geschlecht; Franz Kafka bildete darin keine Ausnahme.

Die Doppelbelastung von Julie Kafka darf man sich dementsprechend keinesfalls im heutigen Sinne vorstellen. In ihrem Haushalt hat sie kaum selbst gearbeitet, sondern ihn vor allem geleitet, das heißt, die Arbeit aufgeteilt, kontrolliert, den Kochzettel bestimmt und Lebensmittel eingekauft sowie diese je nach Bedarf verteilt; denn das Hauspersonal hatte dazu in der Regel keinen freien Zugang.

Soweit man dies verfolgen kann, hat das Personal im Haushalt der Familie Kafka oft gewechselt. Dies mag überraschen, da Julie Kafka, wie auch die Erinnerungen von Anna Pouzarová zeigen, nicht zu den Hausfrauen gehörte, die mit dem Personal nach Lust und Laune umsprangen, es »sekkierten«, wie man in Österreich zu sagen pflegte, sondern zu ihren Hausangestellten stets freundlich war. Möglicherweise war Hermann Kafka mit seinen unberechenbaren Jähzornausbrüchen der wahre Grund, warum es bei Kafkas so oft zum Personalwechsel kam. Dem kleinen Franz war jedenfalls nicht, wie etwa Franz Werfel mit seiner Barbora, das Glück einer langjährigen liebevollen Kinderfrau beschieden. Am nächsten kam dieser Rolle wohl das in den Tagebüchern erwähnte Kinderfräulein, das die Familie Jahre später besuchte, und deren Warze »irgendwo an der Wange« Franz Kafka als kleinem Kind lieb war.[1] Die Art der Wahrnehmung läßt auf ein frühkindliches Erlebnis schließen.

Die Rolle der Bezugsperson spielte keinesfalls Marie Wernerová, eine tschechische Jüdin aus Týnice nad Labem, die nach den bisherigen Biographen Franz Kafkas um 1884 als Haushälterin in die Familie gekommen sein soll und deren Leistung in der primären Sozialisation des kleinen Franz eher zur Kritik Anlaß gab. In Wirklichkeit wurde Marie Wernerová 1884 erst geboren, war also ein Jahr jünger als ihr angeblicher Zögling. Ihre ersten Kontakte mit der Familie lassen sich etwa um 1910 feststellen. Nach der polizeilichen Meldung zu urteilen, ist sie bei Kafkas allerdings erst 1921 eingezogen.[2]

Im Mai 1885 zog die Familie Kafka in das Haus Nr. 56 (Konskriptionsnummer 802-II) auf dem Wenzelsplatz (Ecke Ve Smečkách). Kurz zuvor, am 28. März 1885, hatte der Gesundheitsausschuß des Prager Magistrats aus überwiegend hygienischen Gründen den Abriß des Judenviertels und des unteren Teiles der Altstadt beschlossen. Wenn auch die Assanierungsarbeiten in größerem Ausmaß erst in den neunziger Jahren begannen, könnte dies doch mit ein Grund gewesen sein, warum die Familie aus dem Haus, das später abgerissen wurde (nur das Portal blieb erhalten), auszog. Zur gleichen Zeit wechselte auch Hermann Kafka für kurze Zeit in ein neues Ladenlokal in der Stockhausgasse (909-1). Die Familie hatte also zwei Umzüge gleichzeitig zu bewältigen. Der Weg zwischen Wohnung und Geschäft wurde länger. Und Julie Kafka erwartete bereits ihr zweites Kind.

Der Umzug auf den Wenzelsplatz stand unter keinem guten Stern. Wie aus dem Telegramm des Polizeipräsidiums hervorgeht, wurde im Juni aus der offenen Küche der Wohnung ein Wäschekorb voller Bett- und Weißwäsche aus Julies Aussteuer gestohlen – ein beträchtlicher Verlust für den jungen Haushalt. Dieser unangenehmen Begebenheit – die Ermittlungen blieben erfolglos – verdanken wir den Namen des Dienstmädchens der Familie, Franziska Haas, zweiundzwanzigjährig, ledig, katholisch, aus der Umgebung von Poděbrady stammend, die als Zeugin auftrat. Franz war damals nicht ganz zwei Jahre alt. Franziska Haas könnte also das Kinderfräulein gewesen sein, an das sich Kafka später erinnerte.

In diese Zeit fällt wahrscheinlich auch ein Ereignis, das die Beziehung zwischen Franz Kafka und seinem Vater nachhaltig beeinflußte[3]: Als er einmal in der Nacht nach Wasser quengelt und sich nicht beruhigen läßt, bringt ihn der Vater auf die Pawlatsche* und läßt ihn dort eine Weile stehen. Das kleine Kind erlebt in diesem Augenblick den Vater als eine bedrohli-

* Pawlatsche, aus dem italienischen »parvola loggia«; umlaufender Balkon an der Hofseite eines Mietshauses, von welchem es Eingänge in die einzelnen Wohnungen gibt; üblich bei den Mietshäusern aus dem 19. Jahrhundert im ehemaligen Raum der österreichischen Monarchie.

che Übermacht, der es schutzlos ausgeliefert ist. Dieses Erlebnis prägt sich tief ein, wie es bei solchen frühkindlichen Erlebnissen fast immer der Fall ist, und wird zu einem Baustein der gestörten Beziehung zwischen Vater und Sohn. Die Konstellation bleibt auch zukünftig gleich: der strafende allmächtige Vatergott und sein unzulängliches, schuldhaftes Kind. Man muß bedenken, daß zu dem wahrscheinlichen Zeitpunkt dieses Ereignisses Julie Kafka schon mit ihrem zweiten Kind schwanger war und Hermann vielleicht auch auf sie Rücksicht nahm, zumal er selbst Nachtruhe brauchte und möglicherweise durch den Umzug, den Diebstahl und das Falschgeld, das bei ihm in Juli 1885 auftauchte und einen Verlust bedeutete, in besonders schlechter Stimmung war. Und gut möglich ist auch, daß der kleine Franz auf die Unruhe in der Familie mit Quengeln reagierte, wie es Kleinkinder eben tun. So ereignen sich solche Kind-Eltern-Mißverständnisse – jenes »Mitverursachen ohne Verschulden«[4], wie es Franz Kafka später in dem *Brief an den Vater* formuliert –, die unbewußt und unwissend geschehen, oft tiefgreifende Folgen für die Beziehungen in der Familie haben und sich auch später einer rationalen Verarbeitung entziehen.

Hermann Kafka hat eine klare Vorstellung davon, wie sein Erstgeborener sein soll: kräftig, couragiert, erfolgreich. Er hat auch eine klare Vorstellung davon, was er werden soll: natürlich in seine Fußstapfen treten, das elterliche Geschäft weiterführen, Ansehen und Vermögen der Familie mehren. Von den Bedürfnissen eines Kindes weiß er dagegen nichts. Auch kann er kaum auf seine eigenen kindlichen Erfahrungen zurückgreifen; viel zu groß ist der Unterschied zwischen seiner Kindheit auf dem Lande und der städtischen Kindheit seines Sohnes. Das einzige, worauf er zurückgreifen kann, sind seine Erfahrungen aus der Soldatenzeit. Und so spielt er in den wenigen freien Stunden mit seinem Erstgeborenen in seiner lärmenden Art Salutieren, Marschieren, Befehle ausführen und freut sich über jede Äußerung der Stärke, die der Kleine zeigt. Dessen eher ablehnende Haltung gegenüber solchen Spielen übersieht er geflissentlich. Zwei unterschiedliche Dispositionen und Konstitutionen – jede auf ihre Art stark und zäh – stoßen aufeinander. Die Mißverständnisse sind vorprogrammiert.

In einem späteren Brief an Felice Bauer beschreibt sich Franz Kafka als einsames Kind. Er hatte »sehr lange allein gelebt und sich mit Ammen, alten Kindermädchen, bissigen Köchinnen, traurigen Gouvernanten herumgeschlagen«[5], denn seine Eltern »waren doch immerfort im Geschäft«. Auch wenn es fraglich ist, ob der kleine Franz wirklich so viel alleine war – einsam fühlte er sich in jedem Fall. An diesem Gefühl der Einsamkeit, der Grundbefindlichkeit seiner Existenz, hätte wohl auch die stetige Anwesenheit anderer, hätten auch liebenswerte Köchinnen und Kindermädchen kaum etwas ändern können. Sicher ist, daß seine Umgebung, die Enge der städtischen Quartiere, die wenig Anregungen boten und wenig freie Bewegung zuließen, nicht gerade kinderfreundlich war und auch die Erziehungsstile dieser Zeit eher auf Disziplinierung und Gehorsam angelegt waren, die Anpassung, ja das Biegen der kleinen Persönlichkeit anstrebten statt ihrer freien Entfaltung. In diesem Sinne muß man die »bissigen Köchinnen« mit ihren Abschreckungsstrategien schon ernst nehmen.

Als eine wichtige und auch freie, nicht reglementierte Beschäftigung bleibt dem übersensiblen Kind die Beobachtung seiner Umgebung, die mit der Zeit zu einer Art Ersatzkommunikation wird. Das Gefühl des Alleinseins fördert diese Gabe und führt sie letzlich zu jener Perfektion, die vor allem später, in den Tagebüchern, die Schilderung fast jeder Begegnung zu einem richtigen ›Beobachtungsfest‹ für den Leser macht. Wenn sie auch erst bei dem Schriftsteller Kafka Früchte trug – »trainiert« wurde diese Art der Wahrnehmung der Welt, die sicherlich zu den angeborenen Dispositionen gehörte, schon seit den ersten Lebensjahren. Die Beobachtung war es, die für Kafka die Brücke zu den anderen bildete und ihm selbst ermöglichte, in dem Raum zwischen Einsamkeit und Gemeinschaft zu verharren.[6]

Mit dem absoluten Anspruch eines Kleinkindes hätte der kleine Franz sicher seine Mutter gerne stets um sich gehabt. Bei seiner Sensibilität hat er das Kommen und Gehen der Mutter, die wohl mehrmals am Tag kam, um nach dem Kind zu schauen, besonders intensiv erlebt. Möglicherweise gerade dieser mehrmalige Wechsel steigerte die Sehnsucht nach ihr und ließ ihn den Unterschied zwischen Befriedigung und Frustration deutlicher spüren. Im Unterschied zu der komplizierten Beziehung zwischen Vater und Sohn kann man allerdings von keiner gestörten Beziehung zwischen Julie Kafka und ihrem Sohn sprechen. Ohne positive frühkindlichen Erlebnisse hätte Kafka später auch nicht diese Zeilen schreiben können:

> Die Mutter arbeitet den ganzen Tag, ist lustig und traurig, wie es kommt, ohne mit eigenen Zuständen im geringsten in Anspruch zu nehmen ihre Stimme ist hell, zu laut für das gewöhnliche Sprechen, aber wohltätig wenn man traurig ist und nach einiger Zeit plötzlich sie hört. Seit längerer Zeit klage ich schon, daß ich zwar immer krank bin, niemals aber eine besondere Krankheit habe, die mich zwingen würde, mich ins Bett zu legen. Dieser Wunsch geht sicher zum größten Teil darauf zurück, daß ich weiß, wie die Mutter trösten kann, wenn sie z. B. aus dem beleuchteten Wohnzimmer in die Dämmerung des Krankenzimmers kommt oder am Abend, wenn der Tag einförmig in die Nacht überzugehn anfängt aus dem Geschäft zurückkehrt und mit ihren Sorgen und raschen Anordnungen den schon

so späten Tag noch einmal anfangen läßt und den Kranken aufmuntert, ihr dabei zu helfen.[7]

Hatte der kleine Junge vielleicht nicht ohne Eifersucht verfolgt, daß ihm die Mutter – »im Wirrwarr der Kindheit das Urbild der Vernunft«[8] – ins Geschäft, in die Welt des übermenschlichen Vaters entflieht, so mußte er später feststellen, daß sie trotz aller Liebe und Güte nicht im Gegensatz zu dieser Welt des Vaters steht, sondern nur vermittelt, beschwichtigt, ausgleicht. Wenn auch nicht konfliktfrei, so gehörte Kafkas Beziehung zur Mutter zu den unproblematischsten in seinem Leben.

Nur eine relativ kurze Zeit lebte der kleine Franz als Einzelkind. Er war gerade zwei Jahre alt, als sein Bruder Georg am 11. September 1885 geboren wurde, »ein schönes und kräftiges Kind«, wie Julie Kafka in ihrem Bericht vermerkt. Als er erst fünfzehn Monate alt an Masern starb, war Julie Kafka schon wieder schwanger. Am 27. September 1887 wurde sie von ihrem dritten Sohn entbunden, der den Namen Heinrich bekam. Offensichtlich hieß er so nach dem 1886 im Alter von nur 36 Jahren vestorbenen älteren Bruder Hermanns. Wie seinem Bruder Georg war auch dem kleinen Heinrich kein langes Leben beschieden. Er starb, erst sechs Monate alt, an Mittelohrentzündung. Der kleine Franz war also durchaus nicht ohne Erfahrung mit Geschwistern, und insofern die kranken Brüderchen die Aufmerksamkeit der Eltern sicherlich stark in Anspruch nahmen, werden Konkurrenzgefühl und Eifersucht ihm nicht fremd geblieben sein.

Daß kleine Kinder starben, war zu dieser Zeit eine Erfahrung, die fast jede Familie machen mußte. Trotzdem scheint es, daß Julie Kafka ihre zwei Söhne nie ganz vergaß. Es waren eben Söhne, die starben. Von ihren Töchtern lesen wir in dem Bericht nur, daß sie glücklich verheiratet seien, kein Wort mehr.

In den Jahren 1885 bis 1889 ist die Familie Kafka insgesamt noch viermal umgezogen: Im Dezember 1885 in Dušní (Geistesgasse), 1887 in die Mikulášská (Niklasstraße) Nr. 6, ein Jahr später 1888 in die Celetná (Zeltnergasse) Nr. 2. Die vielen Umzüge – als hätte die junge Familie erst nach ihrem Standort in der Gesellschaft gesucht – waren für den kleinen Franz keine gute Erfahrung. Der ständige Wechsel der Umgebung, an die man sich immer erst gewöhnen und in der man sich auch neu orientieren mußte und die Unruhe, die die Umzüge mit sich brachten, bedeuteten eine zusätzliche Verunsicherung für das sensible Kind, das sowieso schon die noch nicht stabilisierte materielle Situation seiner Eltern spürte, und stellten indirekt seinen Platz in der Welt in Frage. Als die Familie Kafka im Juni 1889 endlich im Hause »Minuta« auf dem Altstädter Ring die Bleibe für die nächsten sieben Jahre fand – es sollte die erste größere Wohnung sein, die sie sich leisten konnte –, war Franz schon sechs Jahre alt, und Julie Kafka erwartete ihr viertes Kind.

Die Schwestern

Franz Kafka war gerade seit einer Woche Schüler der deutschen Knabenschule auf dem Fleischmarkt, als am 22. September 1889 seine älteste Schwester Gabriele geboren wurde. Im gleichen Jahr starb in Osek der Großvater Jakob Kafka, und es ist nicht ausgeschlossen, daß der sechsjährige Franz mit dem Vater zu seiner Beerdigung dorthin fuhr.

Im Unterschied zu den früh verstorbenen Brüdern stellte das kleine Mädchen für den Erstklässler keine Konkurrenz dar. Der Abstand war groß genug, und den Rang des erstgeborenen Sohnes konnte ihm sowieso niemand mehr streitig machen. Er, bislang immer der Schwächste, konnte sich plötzlich jemandem überlegen fühlen. Gleichzeitig war mit ihrer Ankunft auch ein Wesen da, das mit ihm seine Einsamkeit teilte und als Erstgeborene in der Reihe der Schwestern einige vergleichbare Erfahrungen machte. So wurde Gabriele einerseits zum Objekt von Franz' Selbsthaß, andererseits aber auch zu einer Art »Verbündeten im Unglück«, mit dem ihn ein Grundgefühl der Solidarität verband.

> Sie war doch so ein schwerfälliges, müdes, furchtsames, verdrossenes, schuldbewußtes überdemütiges, boshaftes, faules, genäschiges, geiziges Kind, ich konnte sie kaum ansehn, gar nicht ansprechen, so sehr erinnerte sie mich an mich selbst, so ähnlich stand sie unter dem gleichen Bann der Erziehung. Besonders ihr Geiz war mir abscheulich, da ich ihn womöglich noch stärker hatte. Geiz ist ja eines der verläßlichsten Anzeichen tiefen Unglücklichseins; ich war so unsicher aller Dinge, daß ich tatsächlich nur das besaß, was ich schon in den Händen oder im Mund hielt oder was wenigstens auf dem Wege dorthin war, und gerade das nahm sie, die in ähnlicher Lage war, mir am liebsten fort.«[1]

Von den drei Schwestern wird es die kleine Gabriele in der Kindheit am schwersten haben. Vielleicht hätte Hermann Kafka sich nach dem Tod der beiden Jungen wieder einen Sohn gewünscht und war enttäuscht, als »nur« ein Mädchen kam; jedenfalls wird er für seine Älteste nicht viel Liebe übrig haben. Und das heißt, sie ist täglich seinen Beschimpfungen ausgesetzt und kriegt fast bei jedem Essen zu hören: »Zehn Meter weit vom Tisch muß sie sitzen, die breite Mad«[2], um daraufhin in ihrer »unmöglichen Art« gleich vom Vater nachgeahmt zu werden.

Mehr als die neugeborene Schwester wird allerdings Franz in diesem Jahr der tägliche Gang in die Schule beschäftigen. Jeden Morgen nimmt ihn die Köchin, »eine kleine trockene

Gabriele (Elli) Kafka

magere spitznasige«, Person, »fest, energisch und überlegen« an die Hand, und jeden Morgen erschreckt sie ihn mit derselben Drohung – ganz sicher werde sie heute dem Lehrer berichten, wie unartig er gewesen sei. Natürlich sagt sie nichts, ihre Drohung aber reicht aus, um Franz den Weg in die sich unwiderruflich nahende Schule zu einer Qual zu machen, die er nie mehr vergessen wird.

Noch dreißig Jahre später wird er Milena Jesenská[3] diese Situation beschreiben, und auch in den Tagebüchern kommt die »bissige Köchin« in drei Textfragmenten vor.[4] Wir können sie sogar identifizieren. Nach dem »Anzeigezettel« für die Volkszählung im Jahre 1890 muß es sich um die damals sechsunddreißigjährige Františka Nedvědová aus dem ostböhmischen Städtchen Hořovice handeln. Noch zwei weitere Hausangestellte sind in dem Verzeichnis der Familienmitglieder

Ottilie (Ottla) Kafka

aufgeführt: die zwanzigjährige Marie Zemanová als Kindermädchen und die zwei Jahre ältere Anna Čuchalová als Amme.

Ein Jahr nach der Geburt von Gabriele am 25. September 1890 bringt Julie Kafka ihr fünftes Kind zur Welt, wieder ein Mädchen, das den Namen Valerie bekommt, und bald zu Vaters Lieblingstochter wird. »Am glücklichsten in ihrer Stellung zu Dir war Valli«, wird Franz Kafka im Brief an den Vater über die Beziehung zwischen Vater und Tochter schreiben.[5]

Auf einem alten Gruppenbild der drei Geschwister blickt die etwa dreijährige Valerie mit einer zurückhaltenden Sachlichkeit klar und direkt in die Kamera, als hätte sie die Ordnung der Welt schon durchschaut und gleichzeitig akzeptiert, ohne zu resignieren. So ist es eben, und man nimmt es so hin, wie es ist, scheint sie mit ihrem Blick, mit ihrer ganzen Körperhaltung zu sagen. Die beiden Ältesten wahren einen kleinen

Von links nach rechts: Valerie (Valli), Gabriele (Elli) und Franz Kafka

Abstand zu ihr, als möchten sie demonstrieren, daß sie anders sind und zusammengehören. Die auf einem Podest stehende Gabriele deutet mit traurigem Trotz eine Bewegung an, als würde sie sich in ihrer Haut, ihren Kleidern, eigentlich aber in der Welt nicht wohlfühlen. Sie lehnt sich auf, aber wogegen, weiß sie nicht. Etwas steif, aber doch stützend, tröstend, beruhigend legt der zehnjährige Franz seinen Arm um die Schulter der sich sträubenden Gabriele. Ähnlich wie seine kleine Schwester Valerie hat auch er selbst mit seinem durchdringenden Blick die Welt schon durchschaut, aber bereits resigniert. Auf den ersten Blick präsentieren sich auf dem Bild jedoch nur drei hübsche, wohlerzogene und wohlbehütete Kinder einer bürgerlichen Familie. Einen sehr glücklichen Eindruck machen sie allerdings nicht.

Am 22. Oktober 1892, zwei Jahre nach Valerie, bekommt Julie Kafka ein weiteres Herbstkind – Ottilie, die Jüngste, aus Franz' Sicht die Spätgeborene. Die Geschwisterreihe ist mit ihr komplett. In einem Brief an Felice Bauer wird sich Franz Kafka Jahre später mit der Stellung der Spätgeborenen in der Geschwisterreihe ausführlich auseinandersetzen – dieser »Gnade der späten Geburt« in der Familie, in deren Genuß Ottla, wenn auch nicht ganz ungetrübt, kommt:

> Es hat ja natürlich Nachteile, ein spätgeborenes Kind zu sein, aber die Vorteile gegenüber den Erstgeborenen, von denen ich ein trübsinniges Musterbeispiel bin, sind doch sehr groß. Diese Spätgeborenen haben um sich herum gleich eine solche Mannigfaltigkeit zum Teil der schon durchkosteten, zum Teil der erst angestrebten Erlebnisse. Erkenntnisse, Erfahrungen, Erfindungen, Eroberungen ihrer übrigen Geschwister und die Vorteile, Belehrungen, Aufmunterungen eines so nahen, so beziehungsreichen verwandtschaftlichen Lebens sind ungeheuer. Auch ist für sie

die Familie schon viel sorgfältiger ausgebildet, die Eltern sind, soweit es bei ihnen möglich ist, durch Fehler belehrt worden (allerdings auch durch Fehler eigensinniger geworden), und diese später Geborenen sitzen einfach von selbst schon wärmer im Nest …«[6]

Die Ankunft der drei Mädchen in der schnellen Folge von knapp vier Jahren blieb nicht ohne Auswirkung auf die Atmosphäre innerhalb der Familie. Die Kinderseite bekam mehr Gewicht, notwendigerweise wurde das Leben zu Hause bunter und fröhlicher. Der Vater blieb zwar nach wie vor die unumstößliche und gefürchtete Autorität, aber sein Jähzorn, seine schlechte Stimmung und seine oft derben Beschimpfungen ließen sich zu viert besser ertragen und wurden etwas relativiert. Es gehörte einfach dazu. In dem Maße, wie es in der Familie mit den vier Kindern lauter zuging, verlor auch seine starke Stimme an Bedrohlichkeit. In jedem Fall hat die Macht des Vaters die drei Schwestern weniger geprägt als ihren Bruder Franz. Allerdings wurde von ihnen auch viel weniger erwartet als von ihm. Und nicht zuletzt war es, als sie auf die Welt kamen, für die Korrektur seines übergroßen Vaterbildes bereits zu spät. Verinnerlicht, hatte es inzwischen ein selbständiges Leben geführt.

Aber auch Franz' Position innerhalb der Familie veränderte sich. Als Ältester und Erstgeborener avancierte er jetzt gegenüber seinen Schwestern zu einer Art Autorität, und diese Stellung nutzte er wie fast jeder ältere Bruder zunächst aus. Solange er mit seinen kleinen Schwestern nicht viel anzufangen wußte, sollte er sie, wie Gabriele später ihrer Tochter Gerti erzählen wird, oft kommandieren und tyrannisieren. Zweifellos gab er dadurch etwas von dem Druck weiter, der auf ihm selbst lastete.

Während sich der kleine Franz auf dem Schulweg und wohl

auch zu Hause mit den pädagogischen Künsten jener »bissigen Köchin« zufrieden geben mußte, wurde für die Erziehung der drei Mädchen, nachdem sie dem Kleinkindalter entwachsen waren, Erzieherinnen eingestellt. Franz wurde in seiner Entwicklung vor allem durch das Gefühl der Einsamkeit geprägt; seine Schwestern hingegen durch die bürgerliche Erziehung. So wachsen die vier Geschwister zwar in der gleichen Umgebung, der einengenden städtischen Landschaft der hohen Mauern, schmalen Durchgänge, dunklen Hinterhöfe und unheimlichen Treppenhäuser auf, aber doch unter verschiedenen Bedingungen. Blieb bei Franz, auch durch die Unerfahrenheit der Eltern, manches dem Zufall überlassen, so läßt die Erziehung der drei Schwestern ein System erkennen. Die Familie Kafka hat inzwischen ihren Platz in der deutsch-jüdischen Teilgesellschaft Prags gefunden und will, manchmal etwas eifrig, die entsprechenden Standards erfüllen. Und dazu gehört neben der Erzieherin etwa auch eine »Französin«, die die Kinder in der französischen Sprache unterweist. Die Französin in der Familie Kafka, eigentlich eine Belgierin, Celine Bailly, wird nebenbei auch zum erotischen Erwachen von Franz beitragen.

An der Hand der Erwachsenen, meistens der Kindermädchen, Erzieherinnen oder Gouvernanten, erkunden die drei Schwestern die Welt, einer permanenten Kontrolle und einer Erziehung unterworfen, die vor allem aus verbalen Geboten und Verboten besteht. Auch als Zwölf- bis Dreizehnjährige machen sie kaum einen Schritt ohne Begleitung. Auf diese Weise – und das wird auch angestrebt – werden brave und gefügige Mädchen erzogen. Das Ziel dieser Erziehung besteht nicht darin, die Anlagen, Begabungen und Fähigkeiten der Mädchen zu entwickeln, sondern sie auf die zukünftige Frauenrolle als Ehefrau und Mutter zuzuschneiden und in diese fest vorgegebene Bahn zu lenken. Nur in diesem Rahmen gibt es dann auch die kleinen Freiheiten, die vor allem in einem Innenleben der Träume und Phantasien sowie der Kultivierung der Sensibilität bestehen, womit die Frauen allerdings wesentlich zu dem beitragen, was wir als bürgerliche Kultur bezeichnen. Wenn diese Prägung nur mit einem sanften Zwang, ja liebevoll geschieht, läßt sie sich als Selbstverständlichkeit betrachten, und man kann sogar in eine Art belanglose Zufriedenheit verfallen. Im Unterschied zu den Kinderbildern strahlen die Mädchen auf den Bildern aus ihrer Schulzeit diese Zufriedenheit aus. Bis in Details hinein immer gleich gekleidet – selbst die Frisur läßt keine individuelle Note zu –, sind die drei Schwestern hübsch anzusehen, und man kann sich vorstellen, daß sich mancher Passant auf der Straße nach ihnen umdreht, wenn sie dort in Begleitung ihrer Erzieherin spazieren gehen. Verglichen mit der Rolle, die Julie Kafka in der Familie spielte, haben in der Generation ihrer Töchter die bürgerlichen Vorstellungen von der Stellung der Frau über die jüdische Tradition der zentralen Muttergestalt innerhalb der Familie die Oberhand gewonnen.

Die gleiche Kleidung trägt neben dem geringen Altersunterschied sicherlich dazu bei, daß die drei Schwestern als eine Art Einheit betrachtet werden. Auch Franz Kafka spricht in seinen Tagebüchern oft nur ganz pauschal über »die Schwester« oder »die Schwestern«, ohne zu spezifizieren, welche von ihnen er eigentlich meint.

In den neunziger Jahren hatte die Familie Kafka einen weiteren Umzug absolviert. Im September 1896 zog sie in die Wohnung in der Zeltnergasse 3. Für die nächsten zehn Jahre bleiben das Geschäft und die Wohnung unter einem Dach. Die Rücksicht auf die heranwachsenden Mädchen, die mehr Platz brauchten, wie auch die bessere hygienische Austattung der Wohnung können bei der Entscheidung für den Umzug ausschlaggebend gewesen sein. In der Zeltnergasse gibt es zwar

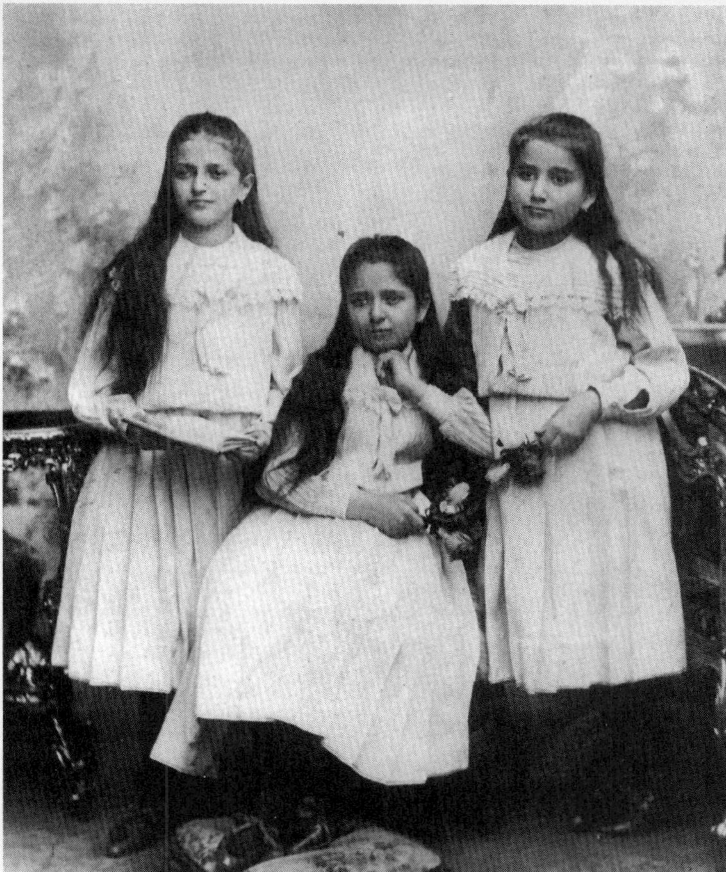

Die drei Schwestern

noch kein Badezimmer, immerhin aber fließendes Wasser in der Küche, eine große Erleichterung für das Personal.

In der Zeit des Umzugs besuchte Franz die vierte Klasse des deutschen Altstädter Gymnasiums im Kinský-Palais gleich nebenan und bekam in der neuen Wohnung ein eigenes Zimmer, während die Mädchen sich mit einem gemeinsamen Kinderzimmer begnügen mußten. Auch Gabriele ging inzwischen zur Schule, in die deutsche Mädchenschule in der Fleischergasse. Genauso wie Franz sollten auch die Mädchen deutsche Schulen besuchen – so wurde es zu dieser Zeit von beinahe allen jüdischen Familien in Prag gehandhabt. Die deutsche Sprache und Kultur bedeutete für die böhmischen Juden die offene Tür zur Welt. Diesen Zugang konnte weder die tschechische Sprache noch die junge sich dynamisch entwickelnde tschechische Kultur leisten; über einen so reichlichen Fundus an Klassikern, die man auch in die Bibliothek stellen konnte, verfügte sie nicht. Neugier und Sympathien weckte sie allerdings gerade bei den intellektuellen und für neue Strömungen und Tendenzen besonders sensiblen Juden. Der Generation Franz Kafkas kam hier die Vorreiterrolle zu.

Um die Jahrhundertwende kam als Erzieherin der drei Mädchen Elvira Sterk in die Familie Kafka. Als sie im Sommer 1902 die Stelle verließ – aus welchen Gründen ist unbekannt –, wurde dies von den drei Schwestern, aber wohl auch von Julie Kafka sehr bedauert, so daß eine gewisse Zeit lang noch ein Briefkontakt bestand. In den sechs erhaltenen Briefen der Schwestern aus dem Jahr 1902 kommen, trotz ihres belanglosen Inhaltes, die unterschiedlichen Charaktere der drei Mädchen sehr deutlich zum Ausdruck.[7]

Ellis erster Brief ist etwas unbeholfen und rührend zugleich:

> Liebes Fräulein, zuerst warteten wir immer auf eine Karte von Ihnen. Als wir keine bekamen, dachte ich, Sie hätten uns vergessen. Als wir Ihren lieben Brief bekamen, haben wir uns mit ihm sehr gefreut. Nur der Franz war ganz böse, daß Sie ihn nicht einmal haben grüßen lassen. Ich wäre viel lieber, wenn Sie sich einen Posten in Prag suchen würden, damit wir Sie oft sehen können. Ich werde für Sie einen suchen.
> Viele Grüße von Ella Kafka.
> Auch der Franz läßt Sie vielmals grüßen.

Im zweiten Brief machen sich noch Reste der von ihrem Bruder so stark kritisierten Ichbezogenheit Ellis bemerkbar:

Liebes Fräulein, verzeihen Sie uns, daß wir so lange nicht geschrieben haben, wir hatten Feiertage und durften nicht schreiben. Wir danken Ihnen vielmals für den Nugga. Er war ausgezeichnet. Ins Turnen gehe ich nicht mehr. Ich war die ganzen Feiertage krank und noch jetzt kann ich nicht spazierengehen. Ich grüße Sie vielmals und verbleibe
Ihre
Ella Kafka

Die zwölfjährige Valerie schreibt herzlich, aber schon formvollendet:

Liebes Fräulein! Es macht mir ein großes Vergnügen Ihnen schreiben zu können. Ich danke Ihnen vielmals für den Nugga, er war sehr gut und Sie haben uns damit sehr große Freude bereitet. Wir werden heuer wieder auf Sommerwohnung nach Liboch fahren und ich freue mich schon sehr darauf. Aber zu Windischbauer fahren wir nicht. Werden Sie uns dorthin besuchen kommen? Es würde uns alle sehr freuen.
Viele Grüße und Küsse von Valerie

Liebes Fräulein, Mir ist sehr bange nach Ihnen und sehr oft denke ich an Sie zurück. Gleich den ersten Tag nach Ihrer Abreise trafen wir am Graben den Herrn Bunsel, dieser schaute nach Ihnen, konnte Sie jedoch nicht erblicken und als er sah, daß wir nur mit dem Fräulein von Löwy gingen, ist er gleich weggegangen. Doch manchmal wartete er im Durchhaus auf Sie, aber jetzt, da er weiß, Sie sind weggefahren, ist er sehr traurig. Mit herzlichen Grüßen und Küssen verbleibe ich Ihre dankbare
Valerie Kafka

Die zehnjährige Ottla ist in ihren Briefen die spontanste, hat aber von den drei Schwestern die schlechteste Schrift:

> Liebes Fräulein, lange haben wir auf Ihren Brief gewartet. Samstags kamen wir vom Spaziergang und siehe da, da lag auf dem Pult ein Brief von Ihnen. Sogleich öffnete wir ihn und welche Freude: es war der Ihrige und ich gab ihm einen süßen Kuß und beschloß gleich zu schreiben. Mit vielen Grüßen und Küssen von ihrer Otilie

> Liebes Fräulein, Danke vielmals für den Nugga. Er war sehr gut. Viele Grüße und Küsse von Otilie Kafka.
> Bitte, schreiben Sie wieder bald, denn wir heben uns Ihre Briefe auf.
> Auch der Franz und das Fräulein Löwy überhaupt alle Angehörigen lassen Sie grüßen.

Als Nachfolgerin von Elvira Sterk kommt im Oktober 1902 die Tschechin Anna Pouzarová in die Familie Kafka. In ihren Erinnerungen[8] sind sehr viele Details aus dem Leben der drei Mädchen und der Familie erhalten geblieben. Als sie den Dienst bei der Familie Kafka antritt, ist Gabriele bereits Schülerin an der privaten deutschen Mädchenfortbildungsschule von Adele Schembor[9], während die beiden jüngeren Schwestern noch die Schule in der Fleischergasse besuchen. Unter der Privatschule von Adele Schembor läßt sich eine der Schulen vermuten, die Mädchen aus bürgerlichen Familien ein gewisses kulturelles Niveau vermittelten, mit dem Ziel, sie auf ihre Rolle als Gattinnen vorzubereiten. Obwohl zu dieser Zeit in Prag bereits das deutsche Lyceum existierte – von dem ersten Mädchengymnasium in Österreich, dem tschechischen, 1890 gegründeten Minerva ganz zu schweigen –, hat sich die Familie Kafka gewissermaßen mit einer Minimallösung der Bildungsfrage ihrer Töchter begnügt. Man kann davon ausgehen, daß auch Valerie und Ottla später die gleiche Schule absolvierten, die wohl recht erfolgreich gewesen sein muß und sich den wachsenden Ansprüchen an die Frauenbildung und Ausbildung schnell anpaßte. In einer Anzeige in der Zeitschrift *Selbtwehr* im Jahre 1910 stellt sich Adele Schembor schon als Gymnasiallehrerin vor.

Wenn die Mädchen mit ihren Hausaufgaben fertig waren und keine Klavierstunde hatten, ging Anna Pouzarová mit ihnen spazieren. Die Ziele waren relativ vielfältig und reichten von dem besonders beliebten Chotek-Park und Letnáplateau, über Stromovka und Troja bis zu den Ausflügen zum Vyšehrad mit einer Überfahrt über die Moldau. Bei diesen Gelegenheiten konnten die Mädchen ihren sonst eingeengten Bewegungsdrang ausleben. In dieser Zeit fuhr die Familie Kafka auch schon regelmäßig in die Sommerfrische nach Roztoky, Liboch und Radešovice, später Zálezly (Zalezl an der Elbe).

Mit dem Umzug in die Zeltnergasse begann sich offensichtlich die Beziehung des ältesten Bruders zu seinen Schwestern zu ändern. Eine Autoritätsperson – die dritte in der Familie nach Vater und Mutter – blieb er allerdings nach wie vor. Nur so ist es zu erklären, daß die Mädchen bereit waren, entkleidet auf dem Wohnzimmerboden liegend nach seiner Anleitung Atemübungen zu machen. In zunehmendem Maße entdeckte er sie allerdings auch als Spielgefährtinnen und Verbündete. In der Zeltnergasse nahm wohl auch die Tradition ihren Anfang, zu den Geburtstagen der Eltern und zu anderen festlichen Gelegenheiten kleine Theaterstücke einzustudieren und vor der versammelten Familie aufzuführen. Die Texte schrieb Franz Kafka selbst, und er führte auch – sehr streng – Regie. Möglicherweise sind dies die einzigen Texte geblieben, die seinen Eltern gefielen. Erhalten sind nur ihre Titel: »Der Gaukler«, »Fotografien reden« und »Georg von Podiebrad«. Später wurden auch Stücke von Hans Sachs aufgeführt.

Mit den gemeinsamen Theatervorstellungen endete das Interesse, das Franz Kafka an seinen Schwestern nahm, allerdings nicht. Wie Anna Pouzarová berichtet, legte er auch Wert darauf, daß sie mit ihr Tschechisch übten, und brachte ihr die tschechische Ausgabe der *Babička* von Božena Němcová zum Vorlesen. Und in dem Maße, wie er selbst immer gesundheitsbewußter wurde, förderte er das gleiche auch bei seinen Schwestern. Sie sollten schwimmen, rudern, Schlittschuh laufen.

Nach Pouzarovás Erinnerung wurden in der Familie Kafka in dieser Zeit die jüdischen Feiertage, insbesondere Pessach, noch eingehalten, wenn auch sonst nicht mehr koscher gegessen und die fleischigen und milchigen Speisen nicht getrennt wurden. Zur Pessachzeit wurde allerdings noch das besondere Geschirr (jomtivik) vom Dachboden heruntergeholt, und es wurden auch Matzen und das aus ihnen hergestellte Dessert »Mazze loks« gegessen. Auch die Anmerkung Ellis, daß man während der Feiertage nicht schreiben durfte, bezieht sich wohl auf die Pessachzeit. Sehr wahrscheinlich wurde auch an Jom Kippur gefastet.* Obwohl das Judentum in der Familie Kafka einer starken Erosion ausgesetzt war, kann man davon ausgehen, daß die drei Schwestern hebräische Texte buchstabieren konnten, ohne sie allerdings zu verstehen.

Im Jahre 1906 stand der Familie wieder ein Umzug bevor. Nachdem das Gassengeschäft aufgegeben worden war und Hermann Kafka in dem gegenüberliegenden Haus nur das en gros Geschäft weiterbetrieb, verließ auch die Familie die Zelterngasse. Ihr neues Domizil wurde das Haus »Zum Schiff«, ein Neubau in der damaligen Mikulášská (Nikolausgasse), heute Pařížská, eines der modernsten Mietshäuser in Prag,

* »Wir hielten die jüdischen Feiertage wie rechte Juden. Neujahr hatten wir beide Tage das Geschäft gesperrt, und gestern am Versöhnungstage haben wir gefastet und fleißig gebetet«, schreibt Julie Kafka an Felice Bauer am 8. 10. 1916 (Kafka, Franz: *Briefe an Felice*, S. 721).

sogar mit einem Lift ausgestattet. Wichtiger als der Aufzug wurde für die Geschwister Kafka, insbesondere für Ottla und Franz, allerdings das Bad. Außerhalb der Reichweite der neugierigen elterlichen Ohren wurden hier Geheimnisse ausgetauscht, wurde geflüstert, gespottet, gelacht und wohl auch geweint.

Der »Prozeß« des Hermann Kafka

Das Galanteriewarengeschäft en detail und en gros, das Hermann Kafka im Jahre 1882 gründete, sollte sechsundsechzig Jahre existieren. Von seinem ersten Standort auf der Nordseite des Altstädter Ringes mußte er allerdings schon im Jahre 1885 für kurze Zeit in die etwas abgelegene Vězeňská (Stockhausgasse) Konskriptionsnummer 909-I ausweichen. Die gesamte Nordseite des Ringes war zum Abriß freigegeben. Aber schon zwei Jahre später, im Jahre 1887, findet sich sein Geschäft in der Celetná 3 (Zeltnergasse), an einer sehr günstigen Stelle in dem Häuserkomplex, der die Teinkirche umgibt. Dort wird es bis 1906 auch bleiben. 1888 erweitert Hermann Kafka sein Sortiment um Muffs, Textilschuhe mit Ledersohle und Unterwäsche, die in einer Werkstatt im Hinterhof hergestellt wird. 1906 entschließt er sich, das Gassengeschäft aufzugeben, und macht in der zweiten Hälfte des Jahres einen Ausverkauf. Danach zieht er mit dem en gros Geschäft in das gegenüberliegende Haus Celetná 12, von wo er 1912 in das Ladenlokal im Kinský-Palais auf dem Altstädter Ring wechselt. Das eingeführte und gutgehende Geschäft verkauft der schnell alternde und herzkranke Hermann Kafka an einen weitläufigen Verwandten seiner Frau, Bedřich Löwy aus Kommotau, der es weiterführt und nach einigen Jahren seinem Schwiegersohn übergibt, als Seniorchef aber nach wie vor tätig bleibt. Die

Familie Löwy bezieht in Prag eine Wohnung in dem zu Beginn dieses Jahrhunderts gebauten Haus in der Platnéřská 13, Konskriptionsnummer 90-I, auf der gleichen Stelle also, wo in seinen Anfänge Hermann Kafka bei seinem Cousin Angelus wohnte. Ein Zufall?

1940, ein Jahr nach der deutschen Besetzung, wird die nach wie vor gutgehende Firma wie alle jüdischen Geschäfte im Protektorat arisiert, behält aber nach wie vor den eingeführten Namen Hermann Kafka auf dem Firmenschild. Mit dem »Arisierer« haben die Löwys zwar einigermaßen Glück, der nationalsozialistischen Tötungsmaschinerie entgehen aber auch sie nicht. Bedřich Löwy stirbt 1943 in Theresienstadt, sein Schwiegersohn und seine Tochter werden 1944 in Auschwitz umgebracht. Eine Nichte von Bedřich Löwy führt nach dem Krieg das Geschäft weiter, bis sie 1948 nach Argentinien emigriert.[1]

Der Alltag im Geschäft verlief allerdings bei weitem nicht so glatt und reibungslos, wie es vielleicht der kurze Abriß seiner Geschichte suggerieren könnte. Wenn man sich die Akte Hermann Kafka in den Beständen des Prager Polizeipräsidiums anschaut[2], wird man mehr Verständnis für seine schlechte Laune und seine Neigung zum Nörgeln aufbringen. In ihrer Gesamtschau geben die einzelnen Vorkommnisse, von anonymen Beamten bearbeitet und weitergereicht, fast den Eindruck eines »Prozesses«, der hier geführt wird, wie banal die einzelnen Fälle auch sein mögen.

Die Kette der Unannehmlichkeiten und Verluste beginnt schon 1885 mit dem bereits erwähnten Diebstahl der Wäsche aus der unverschlossenen Küche.

Zwei Jahre später, im September 1887, wendet sich ein tschechischer Anonymus mit einer mühsam und mit vielen Rechtschreibfehlern geschriebenen Postkarte an die »löbliche Polizeidirektion« mit einer Anzeige gegen die Geschäftsleute Ohrnstein und Kafka. Man solle ihnen untersagen, am Sonntag vormittag, wenn der Andrang auf der Straße am größten sei, ihre Ware draußen auf den eigens dafür angebrachten Brettern zu präsentieren, weil durch die in den Brettern vorhandenen Nägel die Kleidung der (christlichen) Passanten zerrissen werden könne. Hier meldet sich ein Judenhasser zu Wort, einer aus dem anonymen Pöbel, dem die nationalen Auseinandersetzungen im Prag dieser Jahre immer wieder als willkommener Anlaß zur Plünderung der jüdischen Geschäfte dienen werden. Was den anonymen Schreiber in Wirklichkeit stört, sind nicht die Bretter mit den Nägeln. Die Juden sind es, die am christlichen Feiertag »ihre Geschäfte« machen.

1889 wird Hermann Kafka noch einmal wegen Störung der Sonntagsruhe angezeigt, diesmal vom Polizeihauptmann Wenzel Schaffa. Er hatte zwar – man schrieb den 23. Dezember, das Weihnachtsgeschäft war also in vollem Gange – das Geschäft verschlossen gehalten, durch den Hauseingang aber die Kundschaft eingelassen. Das »öffentliche Auge«, unterstützt von privaten Aufpassern, wacht darüber, daß gegen die Ordnung nicht verstoßen wird. Und es entgeht ihm nichts, sei es, daß der Commis Phillip Pick am 3. März 1892 in den Geschäftsräumen die Gaslampe über die Nacht brennen läßt oder der Lehrling Bedřich Grünhut mit einem nicht vorschriftsgemäß mit Inhabernamen und Bremse ausgestattetem Handwagen durch Smíchov fährt. Man kann sich vorstellen, was für ein Donnerwetter über den Kopf des armen Commis und des Lehrlings niederging, zumal Hermann Kafka im zweiten Fall eine Geldstrafe zahlen mußte; er hätte statt dessen auch für sechs Stunden ins Gefängnis gehen können.

Dagegen entkommen die wirklichen Täter den Ordnungshütern fast immer. Weder der Diebstahl des Koffers (mit 40 Zigarren) auf dem Prager Hauptbahnhof, der 1905 Hermann Kafka den Beginn seines Urlaubes auf der Insel Norderney verdarb, noch das Verschwinden des Handwagens im Wert von 100 Kronen aus dem Hof werden aufgeklärt. Und auch das Päckchen mit teurer Spitze und das goldene Armband, das Julie Kafka 1910 auf dem Altstädter Ring verloren hat, werden nicht gefunden.

Als schwerwiegender als diese kleinen Ärgernisse konnte sich allerdings die Anzeige wegen des Einkaufs von verdächtiger, das heißt gestohlener Ware im Jahre 1888 erweisen, ein Verstoß gegen den Paragraphen 477 des Strafgesetzbuches, die an die Staatsanwaltschaft weitergeleitet wurde und in den diversen Noten immer wieder auftaucht. Als Hermann Kafka 1895 zum Sachverständigen vorgeschlagen wurde und das Handelsgericht in Prag sich bei dem Polizeipräsidium nach seinem »moralischen Verhalten« erkundigte, blieb auch diese Angelegenheit als ein möglicher »Hinderungsgrund« nicht unerwähnt, obwohl Hermann Kafka schon am 16. Oktober 1888 freigesprochen worden war. Nach Bestätigung des Freispruchs stand seiner Ernennung zum k.u.k. Sachverständigen allerdings nichts mehr im Wege.

Besonders unangenehm und ärgerlich mußte aber für Hermann Kafka das wiederholte Auftauchen von Falschgeld in seiner Geschäftskasse sein. Es war nicht nur ärgerlich, es konnte auch gefährlich werden, denn gleich wie man sich verhielt, geriet man in Verdacht. Meldete man den Vorfall der Polizei, hatte man den Verlust, denn der wurde natürlich – von wem auch? – nicht ersetzt. Versuchte man den »Schwarzen Peter«, sei es an einen Kunden, die Bank oder die Post, weiterzureichen, machte man sich des »Abschiebens von Falschgeld« schuldig, einer Straftat, die mit einer Geldstrafe oder sogar mit bis zu drei Monaten Freiheitsentzug geahndet wurde.

Zum ersten Male tauchte gefälschtes Münzgeld bei Hermann Kafka 1885 auf. Den Vorfall – auf die Münze war die Jahreszahl 1891 geprägt – hatte er gemeldet, und die Sache war damit erledigt. Der zweite Fall war schon bedenklicher. 1893 hatte der Vertreter der Firma Benedict Kapel angegeben, von Hermann Kafka eine gefälschte Banknote erhalten zu haben, und der Fall löste eine große Fahndungsaktion nach der Herkunft dieser Banknote aus. Kurz danach, im Februar 1894, gab Gustav Friedmann, Diener in der Buchhandlung von Samuel Pascheles, Kafkas Nachbarn vis-à-vis in der Zeltnergasse 4, an, Hermann Kafka habe sich mit seinem Chef darüber unterhalten, wie er einen gefälschten Tausender, den er angenommen hatte, am besten »abschieben« könne. Er wollte es bei der Post versuchen, Pascheles riet ihm aber davon ab und empfahl die Bank, da die Post die Scheine genauer untersuche. Diesmal hätte es für Kafka gefährlich werden können. Er hatte aber Glück, weil die Post den Schein als unbedenklich akzeptiert hatte und er sich so bei dem folgenden Verhör glaubwürdig herausreden konnte, indem er seinerseits Friedmann beschuldigte, das Gespräch völlig falsch verstanden zu haben. Kaum war diese Angelegenheit ausgestanden, gab es schon die nächste Falschgeldaffäre. Kateřina Prausová, Frau eines Schuhmachers, gab an, für die abgelieferten Hausschuhe von Hermann Kafka mit gefälschten Münzen bezahlt worden zu sein. Als sie ihn auf das verdächtige Aussehen der Geldstücke aufmerksam gemacht habe und sie nicht akzeptieren wollte, soll Hermann Kafka sie beruhigt und dazu gezwungen haben, sie doch anzunehmen. Die Münzen wurden zur Überprüfung nach Wien geschickt und als Falsifikate bestätigt. Nach ihrem Ursprung befragt, gab Hermann Kafka am 8. März 1895 zu Protokoll, dies nicht wissen zu können, denn dafür sei »der Geldumsatz am Tag zu groß«. Wieder gelang es ihm, sich vom Verdacht des Abschiebens von Falschgeld zu befreien, und damit war auch die letzte »Falschgeld-Affäre« zu einem guten Abschluß gebracht. Man kann sich allerdings vorstellen, daß gerade diese Vorfälle den zum Pessimismus neigenden Hermann Kafka viel Nerven und auch einige schlaflose Nächte gekostet haben.

Die Akten des Polizeipräsidiums haben aber ausnahmsweise auch Erfreuliches zu berichten. Mit einer Note vom 14. Oktober 1901 wird dem Polizeipräsidium in der tschechischen Sprache mitgeteilt, daß in der Sitzung des Stadtrates am 1. Oktober Hermann Kafka, bisher nach Osek zuständig, mitsamt seiner Familie das Heimatrecht in der Königlichen Hauptstadt Prag erteilt wurde.

Von den vielen Sorgen, die das Geschäftsleben mit sich brachte, blieb das Privatleben der Familie Kafka sicherlich nicht verschont. Eine Trennung der beiden Sphären wäre bei der Nähe von Wohnung und Geschäft auch schwer möglich gewesen. Und Hermann Kafka war auch nicht der Mensch, der vor der Haustür die Geschäftssorgen ablegen konnte oder dies auch nur wollte. Auch die zu Hause sollten mitbekommen, was er für die Familie alles leisten und erleiden muß.

Die unzufriedene Miene des Vaters, das besorgte Gesicht der Mutter, die nur halb verstandenen Gesprächsfetzen – später kam auch ein unruhiges Hin- und Hergehen von Hermann Kafka dazu – blieben nicht ohne Wirkung vor allem auf den sensiblen, aufmerksam beobachtenden und in der Familie so lange »alleinstehenden« Franz und riefen bei ihm eine diffuse Unsicherheit und Angst hervor, von der er sich nie mehr ganz befreien konnte.

> Als Kind hatte ich Angst und wenn nicht Angst so Unbehagen, wenn mein Vater, wie er als Geschäftsmann öfters tat, vom Letzten oder vom Ultimo sprach. Da ich nicht neugierig war und wenn ich auch einmal fragte, infolge langsamen Denkens die Antwort nicht rasch genug verarbeiten konnte und weil oft eine einmal aufgetauchte schwach tätige Neugierde schon durch Frage und Antwort befriedigt war, ohne auch noch einen Sinn zu verlangen, so blieb mir der Ausdruck der Letzte ein peinliches Geheim-

> nis […] Schlimm war es auch daß der so lange befürchtete Letzte niemals rein überwunden werden konnte, denn war er einmal ohne besondere Anzeichen ja ohne besondere Aufmerksamkeit vorübergegangen, denn daß er immer nach beiläufig 30 Tagen kam, merkte ich erst viel später, […] fieng man allerdings nicht mit besonderem Entsetzen, was aber ohne Überprüfung zu dem andern Unverständlichen gelegt wurde, wieder vom Letzten zu reden an.[3]

Seit seiner Kindheit dafür sensibilisiert, erlebte Franz Kafka die Schwierigkeiten, die in der zweiten Hälfte des Jahres 1911 im väterlichen Geschäft offensichtlich auftraten, ganz bewußt. Worum es konkret ging, wissen wir nicht. In Kafkas Tagebüchern ist nur ein Echo davon festgehalten, ohne daß er auf die Ursachen eingeht. Zum ersten Mal, dem Tagebuch folgend, sind diese nicht näher bezeichneten Probleme im Geschäft Ende August aufgetreten. »Morgen soll ich nach Italien fahren«, notiert Kafka am 26. August 1911. »Jetzt Abend konnte der Vater vor Aufregung nicht einschlafen, da er ganz von der Sorge um das Geschäft und von seiner dadurch aufgeweckten Krankheit ergriffen war. Auf das Herz ein nasses Tuch, Brechreiz, Luftmangel, seufzendes Hin- und Hergehn. Die Mutter in ihrer Angst findet neuen Trost. Immer sei er doch so energisch gewesen, über alles sei er hinweggekommen und jetzt – Ich sage, daß der Jammer mit dem Geschäft doch nur ein 1/4 Jahr noch dauern könne, dann müsse doch alles gut werden. […] Die arme Mutter will morgen zum Hausherrn bitten gehen.«[4]

Im Herbst wird die Lage noch kritischer: »Anstrengender Sonntag gestern«, steht im Tagebuch am 16. Oktober. »Dem Vater hat das ganze Personal gekündigt. Durch gute Reden, Herzlichkeit, Wirkung seiner Krankheit, seiner Größe und frühern Stärke, seiner Erfahrung, seiner Klugheit erkämpft er sich in allgemeinen und privaten Unterredungen fast alle zurück.«[5] Als der Buchhalter doch gehen will, schaltet sich Kafka selber ein. Der Besuch in der Wohnung wird zwar in der Sache nicht erfolgreich, der Schriftsteller und präzise Beobachter Kafka kommt allerdings dabei auf seine Kosten, wovon die Schilderung des Besuches im Tagebuch ein beredtes Zeugnis ablegt. In der gleichen Angelegenheit fährt Kafka auch noch nach Radotín, um den Freund des Vaters, den Kaffeeröster Haman, der einst den Contoristen für die Stelle empfahl, zu bitten, bei diesem für das Verbleiben zu intervenieren.

Möglicherweise hingen die Schwierigkeiten und die Unruhe im Geschäft mit der neu eingeführten Pensionsversicherungspflicht für Dienstnehmer zusammen, die für Firmeninhaber wie Hermann Kafka eine zusätzliche, kaum zu bewältigende finanzielle Belastung bedeutet hätte, zumal in einigen Fällen auch Rückzahlungen geleistet werden sollten. Auch in dieser Angelegenheit wurde Franz Kafka aktiv: Am 25. November 1911 hat er, wie er im Tagebuch festhält, »den ganzen Nachmittag im Café City Miška überredet, eine Erklärung zu unterschreiben, daß er nur Commis bei uns war, also nicht versicherungspflichtig und der Vater nicht verpflichtet wäre, die große Nachtragszahlung für seine Versicherung zu leisten.«[6] Auch in diesem Falle bleibt Kafka ohne Erfolg, obwohl er mit seiner Leistung, seinem flüssigen Tschechisch und der Eleganz, mit der er seine Irrtümer entschuldigt, zufrieden ist und sich darüber gleichzeitig auch amüsiert. Der Bedienstete verspricht alles, hält aber nichts davon ein.

Wie wenig erfolgreich Kafka in seinem konkreten Engagement auch war, seine Eintragungen im Tagebuch lassen in diesen Monaten einen interessanten »Identifikationsschub« mit der Geschäftswelt des Vaters erkennen, wahrscheinlich vor allem durch das Mitleid mit dem alternden, mittlerweile fast sechzigjährigen Vater und der Mutter ausgelöst. Auch die

Franz Kafka etwa zur Zeit der Promotion (1906)

schönen bereits zitierten Sätze über die Mutter wurden in dieser Zeit geschrieben. Möglicherweise liegt in dieser Stimmung Kafkas auch die Erklärung für seine verhängnisvolle Entscheidung, sich als Unternehmer und Teilhaber der Prager Asbestwerke Hermann und Co. zu versuchen. In dieser Zeit kann man in seinem Tagebuch auch den erstaunlichen Satz lesen, er müsse sich hüten, »die ganze Zeit für die Litteratur freizubekommen«[7], wenn er damit auch nur eine augenblickliche Gemütsschwankung wiedergibt.

Die Schwierigkeiten, die die Familie Kafka in der zweiten Hälfte des Jahres 1911 beschäftigten, wurden offensichtlich wieder überwunden. Sonst wäre der Umzug des Geschäftes in die neuen Räume im Kinský-Palais im Jahre 1912 wohl nicht möglich gewesen.

Als bei den Mai-Unruhen im Jahre 1919 die aufgebrachte Menschenmenge in das Geschäft eindringt und den Verkauf der Ware unter Preis erzwingt, trifft dies schon den neuen Geschäftsinhaber Bedřich Löwy. Sein Antrag auf Schadenersatz in Höhe von 3 300 Kronen wird allerdings abgelehnt, weil der erlittene Verlust für ihn »keine Existenzbedrohung darstellte«. Die »Prozesse« seines Lebens hat Hermann Kafka in dieser Zeit schon erfolgreich hinter sich. Nur den einen, den für ihn wichtigsten um die Nachfolge seines Sohnes im Geschäft, hat er verloren.

3

Vom Lieben, Heiraten und dem Tod

Der Kampf um die Eltern

Im Grunde genommen waren Hermann Kafkas Schimpftiraden und Zornausbrüche ungefährlich und hatten in der Regel auch keine Konsequenzen. Es war seine Art, sich mit der Welt um sich herum, den Ereignissen im Kreise der Familie sowie im politischen und gesellschaftlichen Leben auseinanderzusetzen, sie zu bewältigen. Er schimpfte über die Tschechen genauso wie über die Deutschen oder die Juden, über die Verwandtschaft mit den gleichen nicht gesuchten Worten wie über die Familienmitglieder, das Personal im Geschäft oder die Dienstboten zu Hause. Wehe aber, wenn jemand anderer sich erlaubte, »seine Leute« zu kritisieren; dieses Recht besaß nur er. Als Rudl Hermann, der Bruder Karl Hermanns, bei einer dieser Schimpfkanonaden bemerkt, daraus mache er sich nichts, Hermann Kafka nennt doch auch seinen Sohn Halunke, wird er kurzerhand am Kragen gepackt und aus der Wohnung geworfen.[1] Am nächsten Tag ist allerdings alles wieder vergessen, und man pflegt weiter verwandtschaftliche Beziehungen. Und so wird auch der treue, permanent mit Kraftausdrücken traktierte Kommis Filip Pick – »krepieren sollte er, der kranke Hund«[2] –, als er stirbt, mit einer Zeitungsanzeige der Firma geehrt. Offensichtlich hat Hermann Kafka auch seine Kinder recht oft beschimpft, aber kaum je geschlagen – dies bezeugt jedenfalls sein Sohn im *Brief an den Vater*. Letztlich war er ihnen gegenüber recht großzügig.

Wenn auch Hermann Kafka im wahren Sinne des Wortes kein Haustyrann war – er war wortgewaltig, aber nicht gewalttätig –, so übten sein ewiges Nörgeln und seine Wutausbrüche auf die Familie doch Druck aus und bedeuteten für sie eine nicht unerhebliche Belastung. Sie weckten Ängste, und auch dann, wenn man sich daran gewöhnt hatte, waren sie unangenehm. Sie bildeten eine unsichtbare Barriere, die sich jeder Aktivität, jeder Neuigkeit in den Weg stellte. »Wird der Vater nicht schimpfen?« war die erste Reaktion der Kinder, wenn sich in der Familie etwas Unvorhersehbares ereignete oder jemand etwas Neues wollte. Und man versuchte natürlich manches hinter seinem Rücken zu machen. Die Leidtragende war dann oft die Mutter. Andererseits stärkte wiederum das »Hindernis Vater« die Solidarität der Geschwister untereinander.

> Du bist allerdings ein Hauptthema unserer Gespräche wie unseres Denkens seit jeher, aber wahrhaftig nicht, um etwas gegen Dich auszudenken, sitzen wir beisammen, sondern um mit aller Anstrengung, mit Spaß, mit Ernst, mit Liebe, Trotz, Zorn, Widerwille, Ergebung, Schuldbewußtsein, mit allen Kräften des Kopfes und Herzens diesen schrecklichen Prozess, der zwischen uns und Dir schwebt, in allen Einzelheiten, von allen Seiten, bei allen Anlässen, von fern und nah gemeinsam durchzusprechen, diesen Prozess, in dem Du immerfort Richter zu sein behauptest, während Du, wenigstens zum größten Teil […] ebenso schwache und verblendete Partei bist, wie wir.[3]

Alle gemeinsam, aber auch jedes Kind in der Familie Kafka für sich, waren gezwungen, sich dem »Vaterproblem« zu stellen und einen Modus Vivendi zu suchen. Die drei Mädchen sind damit besser fertig geworden als ihr Bruder Franz.

Von den drei Schwestern hatte es Elli mit dem Vater am schwersten. Er verfolgte sie geradezu mit seiner Mißgunst und seinen Beschimpfungen. Aber statt daran zu zerbrechen, fand sich Elli damit ab und lebte ihr Leben an der Liebe des Vaters vorbei. Sie suchte keine Konflikte, sie kämpfte nicht um seine Zuwendung, sie ging ihm innerlich aus dem Weg. Was sie davontrug, war ihre große Passivität, die sie übrigens mit ihrer jüngeren Schwester Valli teilte. »Die beiden Schwestern waren sehr passiv«, erinnert sich Marianne Steiner. Die ablehnende Reaktion des Vaters, die bei jeder Unternehmung zu erwarten war, erstickte jede Aktivität im Keim und motivierte höchstens dazu, nicht aufzufallen und nichts zu unternehmen. Und doch war es gerade die ungeliebte Elli, die später den Lieblingsenkel des alternden Hermann Kafka zur Welt brachte. Ob sie darüber eine Genugtuung empfand? Eher nahm sie es so, wie es kam, ohne besondere Reflexion. Ihre ruhige distanzierte Haltung zum Vater, gekoppelt mit der geschwisterlichen Solidarität, kommt in einem Brief an Ottla in der Zeit ihrer Konflikte mit dem Elternhaus sehr deutlich zum Ausdruck. »Deinen Brief haben wir dem Vater vorgelesen, der beste Beweis für Dich wie es mit ihm steht, wenn wir es uns getrauen konnten. Er hat kein einziges schlimmes Wort über ihn geäußert was ja auch unmöglich wäre. Er hat sich ganz ausgezankt, er zankt nie mehr. Er ist sehr brav, zu brav.«[4] Das Schimpfen des Vaters registriert man, regt sich darüber aber nicht besonders auf. Es gehört einfach zum Leben.

»Nun bist Du ja im Grunde ein gütiger und weicher Mensch aber nicht jedes Kind hat die Ausdauer und Unerschrockenheit, so lange zu suchen, bis es zu der Güte kommt.«[5] Möglicherweise hat es Valli, die mittlere der drei Schwestern, vermocht, zu jener Güte zu gelangen. Jedenfalls unterhielt sie von allen Geschwistern die glücklichste und unproblematischste Beziehung zum Vater. »Am nächsten der Mutter stehend, fügte sie sich Dir auch ähnlich, ohne viel Mühe und Schaden. Du nahmst sie aber auch, eben in der Erinnerung an die Mutter, freundlicher hin, trotzdem wenig Kafkasches Material in ihr war. […] Das Verhalten Vallis zu Dir wäre sogar noch freundlicher geworden, wenn wir anderen es nicht ein wenig gestört hätten.«[6] Valli wurde jedenfalls die Lieblingstochter von Hermann Kafka. Sie gefiel ihm auch wegen ihrer schlanken Figur und ihrer körperlichen Anmut, die er vor allem bei Elli, aber auch bei Ottla vermißte. Wenn Julie Kafka unter ihren Töchtern eine Freundin hatte, dann Valli, während Elli die Tochter und Ottla das ungehorsame, aber doch liebe Kind blieb. Die »ausgleichende Gerechtigkeit«, die die ungeliebte Elli den Lieblingsenkel Hermanns zur Welt bringen ließ, wirkte sich auch bei Valli aus. Wenigstens in finanzieller Hinsicht war Vallis Ehe mit Josef Pollak nicht der Erfolg, den sich Hermann Kafka für seine Lieblingstochter gewünscht hätte.

Wenn Ottla auch nur zwei beziehungsweise drei Jahre jünger war als ihre beiden Schwestern, hatte sie, durch den neunjährigen Abstand zu Franz, in der Familie doch die Position des Nesthäkchens inne und besaß dadurch größere Freiräume. Im bereits »fertigen Nest« hockend und mit größerem Temperament ausgestattet, konnte sie sich mehr erlauben, wilder toben, lauter scherzen und kürzer angebunden sein als die anderen und war sich dabei dennoch des wohlwollenden Lachens der Erwachsenen sicher. Sie war einfach »unser« Wildfang und Lieblingskind, und es wurde auch toleriert – eine Begebenheit, an die sich Anna Pouzarová erinnert –, wenn sie im Salon um den Tisch springend der versammelten Familie singend verkündete, daß sich Franz in die junge Erzieherin verliebt habe. Valli und Elli schlossen sich mit ihrem Lachen an, aber so etwas hätten sie selber nie ausgeheckt.

Der Vater hatte zwar schon früher Ottlas Vorliebe für den Umgang mit Menschen aus unteren sozialen Schichten gerügt – etwa ihre Neigung, sich in der Küche unter das Personal zu mischen –, man nahm dies aber nicht so ernst. Daß es sich dabei nicht nur um Kindereien gehandelt, sondern sich hier eine sehr unkonventionelle, auf ihre Art radikale Persönlichkeit

Franz und Ottla vor dem Oppeltschen Haus in Prag (etwa 1914)

entwickelt hatte, bemerkte man erst, als Ottla um 1914 ernsthaft gegen die Eltern zu rebellieren begann, um ihre eigenen Vorstellungen vom Leben zu verwirklichen. Und zum großen Erstaunen des Bruders, und von ihm mit Neid beobachtet, zeigte sich auch, daß sie genauso viel Kraft zum Kampf wie der

Vater besaß. »Ihr zwei waret aber immer in Kampfstellung, immer frisch, immer bei Kräften. Ein ebenso großartiger wie trostloser Anblick. Zu allererst seid ihr Euch ja gewiß sehr nahe gewesen, denn noch heute ist von uns vier Ottla vielleicht die reinste Darstellung der Ehe zwischen Dir und der Mutter und der Kräfte, die sich da verbanden.«[7]

Wie grundsätzlich der spätere Konflikt Ottlas mit den Eltern auch war – in seiner Ernsthaftigkeit dem Vater-Sohn-Konflikt ihres Bruders ebenbürtig –, so war er doch ganz anders gelagert, und es ging hier auch um etwas anderes. Mit ihrer ganzen Energie und Kraft, aber auch Umsicht kämpfte Ottla *gegen* die Eltern und für das Recht, ihr Leben selbst zu bestimmen. Franz dagegen kämpfte *um* seine Eltern bzw. seinen Vater. Die Anerkennung des Vaters zu erlangen, ihn von sich zu überzeugen und für sich zu gewinnen, war das eigentliche Ziel seines Kampfes. Für Ottla war der Vater nur der schonungsbedürftige herzkranke Patriarch, für Franz dagegen die letzte Instanz, Gott gleich. Handelte es sich bei Ottla um eine dramatisch verlaufende Ablösung, so ging es bei Franz um Erlösung. Und kämpfte Ottla um ihre Freiheit, dann Franz darum, in seinem Wesen angenommen zu werden. Gemeinsam waren den beiden Geschwistern die Schuldgefühle, die sie gegenüber den Eltern und insbesondere der Mutter empfanden, weil sie genau wußten, daß auch sie unter dem Konflikt litten.

Ottla hatte es allerdings doch etwas leichter als Franz, weil sie als Mädchen nicht unter demselben Erwartungsdruck wie er als der älteste und einzige Sohn stand. Genauso wie von ihren Schwestern wurde von Ottla eher zu wenig, ja fast nichts erwartet, außer daß sie einmal heiraten und Kinder bekommen würde.

Seinen Ursprung hatte der traumatische Konflikt zwischen Vater und Sohn wohl in der frühkindlichen Entwicklungsphase, und deswegen war er selbst für einen so vertrauten Freund wie Max Brod nie ganz nachvollziehbar. Wenig verständlich war für ihn sowohl die Bewunderung, die Franz für seinen Vater empfand, als auch die Bedrohung, die für ihn von ihm ausging. Die Überhöhung, die Hermann Kafka in der Wahrnehmung seine Sohnes erfuhr, war nur aus der Konfrontation des kleinen Kindes mit der großen, mächtigen und lauten Gestalt des Vaters zu begreifen. In dem Vergrößerungsglas seiner Sensibilität wurde der Unterschied zwischen den »beiden Körpern« noch größer, unverhältnismäßiger. Sicherlich hätte die überdimensionale Vaterfigur auch als schützend, liebend und verzeihend erlebt werden können. Die schlechtere Alternative des strafenden und verdammenden Gottes wurde in der Beziehung zwischen Vater und Sohn zur verinnerlichten Realität. In einigen wichtigen Situationen hatte wohl das An-die-Hand-Nehmen, der Brückenschlag der schützenden Hand gefehlt. Dabei war, was die Erwartungen der Eltern an die Nachfolge im Geschäft anbelangt, nicht von Beginn an alles verloren gewesen; die Franz später fremdgewordene Geschäftswelt hatte auf ihn anfänglich eine starke Faszination ausgeübt:

> An und für sich besonders in der Kinderzeit, solange es ein Gassengeschäft war, hätte es mich sehr freuen müssen, es war so lebendig, abends beleuchtet, man sah, man hörte viel, konnte hie und da helfen, sich auszeichnen, vor allem aber Dich bewundern in Deinen großartigen kaufmännischen Talenten, wie Du verkauftest, Leute behandeltest, Späße machtest, unermüdlich warst, in Zweifelsfällen sofort die Entscheidung wußtest und so weiter; noch wie Du einpacktest oder eine Kiste aufmachtest, war ein sehenswertes Schauspiel und das Ganze alles in allem nicht die schlechteste Kinderschule.[8]

Erst als Franz die ungerechte Behandlung des Personals durch den Vater wahrnahm, wandte er sich ab, und in dem Maße, wie sich der kleine Sohn mit den Untergebenen des Vaters identifizierte, schlug die Bewunderung für ihn schnell in das Gefühl der eigenen Unzulänglichkeit um.

So ist die fatale Dialektik entstanden, in der der Sohn sich unzulänglich und vor dem Vater schuldig fühlte – und auch deswegen um seine Anerkennung und sein Verständnis kämpfte –, gleichzeitig aber auch den Vater für die eigenen Schwierigkeiten bei der Bewältigung des Lebens haftbar machte. Die Nähe und Vertrautheit der familiären Bindungen suggerierte, daß auch eine Verständigung möglich sein müßte. Fast verzweifelt muten die Versuche des Sohnes an, den Vater von sich selbst zu überzeugen, wenn er ihm seine Bücher in die Hand drückt oder dem »höchst widerwillig zuhörenden Vater«[9] den »Heizer« vorliest, mit der immer wieder aufkeimenden Hoffnung, der Augenblick, in dem sich alles ändern würde, müßte doch nahe sein. Auch um ihn nicht zu verpassen, verharrt er zu Hause, im Hauptquartier des Lärms. Die Weigerung der Eltern, ihn in seiner dichterischen Existenz zu akzeptieren, glich einem Liebesentzug. Dabei waren sich die beiden Männer in manchen Charakterzügen gar nicht so unähnlich. Sowohl in der Monomanie und Sturheit, mit welcher er auf die Anerkennung der Eltern insistiert und seine dichterische Existenz durchsetzen will, als auch einer gewissen Neigung zur Hypochondrie hat sich Franz Kafka den Vater als Vorbild genommen. Ist er der schwache Starke, so der Vater eher der starke Schwache.

Sicherlich trug auch die städtische Umgebung zum Gefühl der Übermacht des Vaters bei. In der Welt der hohen Mauern, engen Straßen und verwinkelten Innenhöfe wurde die Stimme des Vaters noch lauter und mächtiger – hier gab es kein Entkommen vor ihr. War der Vater einmal in den Augen des Kindes allmächtig, dann war er aber auch für alles verantwortlich. Das war in Osek, wo wir einen ähnlich starken Vater in Jakob Kafka vermuten können, doch ganz anders. Hier gab es, bildhaft ausgedrückt, genügend Freiräume, wo sich das Wort des Vaters verflüchtigen und man ihm entkommen konnte, zumal seiner Autorität und Macht schon durch die Obrigkeit enge, für alle sichtbare Grenzen gesetzt waren. Bei allen Beschwerden über seine Jugend wäre Hermann Kafka nie auf die Idee gekommen, den Vater etwa für seine sprichwörtlichen Frostbeulen an den Beinen und den knurrenden Magen haftbar zu machen. Gegenüber den Verhältnissen, dem »eigenen Los«, war er zu offensichtlich ohnmächtig.

Der irrationale Streit zwischen Vater und Sohn hatte allerdings auch seine sachliche Grundlage. Durch den Gymnasialabschluß und das Hochschulstudium hatte sich Kafka von seiner Familie geistig entfernt. Gehobene intellektuelle Unterhaltung und bildungsbürgerliche Atmosphäre hatte er zu Hause, wenn man sich ansonsten auch rege untereinander austauschte, schmerzhaft vermissen müssen. Die Mutter konnte zwar mitunter mit einem Goethezitat antworten, war gebildeter und kultivierter als ihr Mann, aber gerade auf ihn kam es an. Bei Max Brod, Felix Welsch und einigen anderen seiner Freunde erlebte Franz ganz andere Väter. Durch seine Bildung, die intensive Reflexion über die Welt, die ihn umgab, und seine aktive Wahrnehmung der geistigen Strömungen der Zeit, gehörte Kafka zur geistigen Elite Prags – aber zu Hause? Vor diesem Hintergrund muß man auch Kafkas Rolle als Mentor und Lehrer seiner Schwester verstehen. Redlich, manchmal fast verzweifelt bemüht er sich durch Lektüreempfehlungen, Vorlesen, Hinweise auf wichtige Theatervorstellungen, Buchgeschenke (etwa der Memoiren von Benjamin Franklin an den Vater) das kulturelle Niveau der Familie zu heben. Der in den Tagebüchern festgehaltenen Traum, in dem sein Vater in einem feinen privaten Kreis, dem Salon von Berta Fanta* nicht unähnlich, einen Vortrag über die Lösung der sozialen Frage hält, bringt seine Sehnsüchte nach einem »anderen Vater« auf skurrile Weise zum Ausdruck. »Mein Vater, gänzlich unbeirrt von der allgemeinen Stimmung hat die Vortragspapiere abgeräumt und vorbereitete Häufchen weißer Zettel vorgenommen, um die wenigen Adressen zu notieren. [...] Später sehe ich den Vater in der Art wie er mit Felix spielt, auf dem Boden sitzen und sich ans Kanapee lehnen. Erschrocken frage ich ihn, was er macht. Er denkt über seine Idee nach.«[10]

Man sollte aber nicht vergessen und übersehen, wie »quälend und bis zum letzten aufreibend« die Stellung der Mutter im Kraftfeld der Familie zwischen Vater und Kindern war:

> Sie hat sich im Geschäft, im Haushalt geplagt, alle Krankheiten der Familie doppelt mitgelitten, aber die Krönung alles dessen war das, was sie in ihrer Zwischenstellung zwischen uns und Dir gelitten hat. Du bist immer liebend und rücksichtsvoll zu ihr gewesen, aber in dieser Hinsicht hast Du sie ganz genauso wenig geschont, wie wir sie geschont haben. Rücksichtslos haben wir auf sie eingehämmert, Du von Deiner Seite, wir von unserer. Es war eine Ablenkung, man dachte an nichts Böses, man dachte nur an den Kampf, den Du mit uns den wir mit Dir führten und auf der Mutter tobten wir uns aus. Was hat sie von uns Deinetwegen und von Dir unseretwegen gelitten, ganz ungerechnet jener Fälle, wo Du recht hattest, weil sie uns verzog, wenn auch selbst dieses Verziehen manchmal nur eine stille unbewußte Gegendemonstration gegen Dein System gewesen sein

*Berta Fanta (1866–1918), die Frau des Apothekers Max Fanta, betrieb um die Jahrhundertwende in ihrem Haus »Zum Einhorn« auf dem Altstädter Ring einen literarischen Salon, dessen Geist stark von der Philosophie Franz Brentanos geprägt war.

mag. Natürlich hätte die Mutter das alles nicht ertragen können, wenn sie nicht aus der Liebe zu uns allen und aus dem Glück dieser Liebe die Kraft zum Ertragen genommen hätte.«[11]

Sind auch diese Zeilen Kafkas über die Mutter auf eine Krisensituation zugespitzt – Schöneres ist über ihre Rolle in der Familie und ihre unendliche Liebesfähigkeit kaum zu sagen.

Trotz der Spannungen zwischen Eltern und Kindern herrschte in der Familie keineswegs eine düstere Atmosphäre. Da die Familienmitglieder, Franz allen voran, einen Sinn für Humor und Situationskomik besaßen, kann man sich die Unterhaltungen am Tisch, vor allem wenn Hermann Kafka abends nicht zu Hause war, als ausgesprochen heiter und mit Witzen, Anspielungen, frotzelnden und ironischen Bemerkungen gespickt vorstellen.

»Liebe Ottla, arbeite bitte fleißig im Geschäft, damit ich ohne Sorgen es mir hier gut gehn lassen kann«, schreibt beispielsweise Franz Kafka seiner Schwester auf einer Ansichtskarte aus Riva.[12] Aus solchen Stellen, die sich verstreut in Briefen, auf Karten und in Tagebüchern finden, läßt sich das Echo der Familiengespräche noch deutlich heraushören. Die sprichwörtliche Redensart: »Ich sage nichts, ich denke nur« der langjährigen Haushälterin Marie Wernerová, welche panische Angst vor Hermann Kafka hatte, gehört genauso in diesen Fundus der Familiensprache wie der Satz Julie Kafkas in einem Begleitbrief zu einem Lebensmittelpaket, welchem auch Zeitungen beigelegt waren: »Laßt ihr Euch außer den Zeitungen alles gut schmecken.«[13]

Selbst Hermann Kafka war nicht ohne Sinn für Humor. Seinen Schwager Siegfried Löwy, der eine Zeitlang das Mansardenzimmer im Oppeltschen Haus bewohnte und dort permanent die Fenster offenstehen ließ, zog er mit der Bemerkung

Das Ehepaar Kafka um 1912

auf, daß, wenn die Fenster in der Wohnung und in seinem Zimmer gleichzeitig geöffnet seien, die schlechte Luft von unten nur in sein Zimmer oben hineinziehe.

Allerdings wurden bei Kafkas keine ›Späße‹ gemacht. Humor war für sie nur ein anderes Wort für die Solidarität mit allem Lebendigen (Thomas Mann), und für Franz Kafka bedeutete er noch mehr: Lebensnotwendigkeit und Ausgleich. Wie ein feines Netz spannte er sich über die Abgründe der menschlichen Existenz im allgemeinen und der jüdischen im besonderen und half, sie auszuhalten. Franz Kafkas heiteres Gesicht, an das sich viele seiner Freunde noch Jahre nach seinem Tod erinnerten, ist in diesem Sinne zu verstehen.

Zeit zu heiraten

Am 22. September 1909 wurde Gabriele Kafka zwanzig Jahre alt. Damit war auch die Zeit gekommen, sich nach einem geeigneten Bräutigam für sie umzuschauen. Die Aussicht auf die Verheiratung der Töchter – die nur ein Jahr jüngere Valerie sollte ihrer Schwester bald in den Stand der Ehe folgen – gab Julie Kafka neuen Auftrieb. Für sie war gewissermaßen die Erntezeit gekommen. Es ging nicht nur darum, die Zukunft der Töchter geschickt zu sichern und dafür die passenden Gatten aus den entsprechenden Familien zu finden. Ebenso wurde der »Wert« der Töchter auf dem Heiratsmarkt und damit ihre eigene Leistung als Mutter damit unter Beweis gestellt und die Position der Familie in der bürgerlichen Gesellschaft überprüft. Es bedeutete darüber hinaus auch, daß die Familie wieder größer wurde, neue Verwandtschaften entstanden und Verbindungen geknüpft wurden, neue Menschen und Schicksale den Gesprächsstoff bereicherten. Und nicht zuletzt wollte Julie Kafka gerne Großmutter werden.

Man kann sich vorstellen, mit welcher Umsicht und Energie Julie Kafka diese Aufgabe in Angriff nahm, wenn die Hauptperson bei den Verhandlungen auch Hermann Kafka war. Die Partnerwahl wurde natürlich nicht dem Zufall und schon gar nicht den Gefühlen überlassen, sondern einer Heiratsvermittlung anvertraut. Zu diesem Zweck wurden sehr wahrscheinlich auch die Fotografien der gesamten Familie in Einzelportraits gemacht, die jeden im besten Licht zeigen sollten. Mit

Fotografien aus dem Prager Atelier Schlosser Wenisch;
oben: die Mutter, 54, der Vater, 58 Jahre alt;
rechte Seite: Franz, 27, Elli, 21, Valli, 20 und Ottla, 18 Jahre alt

üppigen Hüten – wohlhabend die Mutter, etwas verträumt, mit dem gleichen Hermelinschal um die Schulter, die beiden Töchter – präsentieren sich die drei Frauen; nur Ottla hatte wohl den Hut verweigert und ein weißes Kleid angezogen. Der souveräne Patriarch und der etwas verunsicherte Sohn ergänzen das Bild einer wohlhabenden bürgerlichen Familie.

Man kann davon ausgehen, daß nach dem Absolvieren der privaten Fortbildungsschule von Adele Schembor Elli und auch ihre Schwester Valli das gleiche Leben wie damals viele Töchter aus den gutsituierten Familien führten; sie verbrachten ihre Zeit zu Hause, waren sozusagen im »Ehewartestand«. Während Ottla, die Jüngste, in dieser Zeit schon – wohl auf eigenen Wunsch hin – im elterlichen Geschäft arbeitete, lebten ihre beiden Schwestern eher in den Tag hinein, damit beschäftigt, bei der Hausarbeit auszuhelfen, gelegentlich an ver-

schiedenen Hauswirtschaftskursen teilzunehmen, mit dem Kanarienvogel Karabontara zu spielen, die meistens vom Bruder ausgesuchten Bücher zu lesen oder ins Theater zu gehen.

Die schönen Operngläser aus Perlmutt, die vor einigen Jahren der Onkel Alfred Löwy den Schwestern aus Paris mitgebracht hatte, wollten doch benutzt werden. Es ist jedenfalls nicht bekannt, daß Gabriele im Geschäft geholfen hätte, und auch die etwas bissige Anmerkung ihres Bruders in einem Brief an Felice, daß man sie »immer auf dem nächsten Kanapee antreffen«[1] konnte, läßt nicht darauf schließen.

Die Zeit zwischen Schulabschluß und Heirat war für die jungen Mädchen alles in allem eine eher bedrückende als erfreuliche Zeit. Die Tage zogen sich hin, und hinter aller Muße und allen Träumereien stand die bange Frage, was passieren würde, wenn sich die herbeigesehnte Partie nicht fand. Eine Herausforderung, die die Kräfte mobilisiert, die Fähigkeiten und Begabungen herausgefunden hätte, stand nicht auf dem Programm.

Wie es scheint, war die Heiratsvermittlung im Falle von Gabriele recht schnell erfolgreich, und der Bewerber um ihre Hand, der sechs Jahre ältere Geschäftsmann Karl Hermann, versprach eine gute Partie zu werden. Dementsprechend hoch sollte allerdings auch die Mitgift ausfallen. Karl Hermann war aus Zürau (Siřem), einem im westböhmischen Hopfengebiet liegenden Dorf, nach Prag gekommen, wo seine Eltern Leopold und Sophie Hermann Landbesitz mit mehreren Hopfengärten besaßen. Irgendwann einnmal hatte Leopold Hermann den größten Teil seines Besitzes verkauft und den Erlös unter seine acht Kinder aufgeteilt. Nur der Sohn Hugo war in Zürau geblieben und bewirtschaftete den elterlichen Hof.

Karl Hermann, ein schöner Mann von stattlicher Figur, ein »fešák«, wie man in Böhmen sagte – allerdings auch, wie sich später zeigen sollte, mit Neigung zum Leichtsinn –, muß Gabriele auf Anhieb gefallen haben. Und er gefiel auch Hermann Kafka, der bei ihm jene kaufmännischen Fähigkeiten zu entdecken glaubte, die er bei seinem Sohn vermißte. So war er

Hochzeit von Karl Hermanns Schwester Vilma mit Max Trauer: in der vorderen Reihe zweiter von links: Hermann Kafka, rechts daneben seine Frau Julie, davor der Enkel Felix, dahinter die Tochter Elli mit ihrem Mann Karl Hermann (zweiter von links)

auch bereit, seiner ungeliebten Tochter die hohe Mitgift von 30000 Gulden zu geben – keine geringe Belastung für das Geschäft.

Nachdem die Vermittlung erfolgreich verlaufen war, zögerte man nicht mit der Verlobung, und auch die Hochzeitsvorbereitungen wurden zügig vorangetrieben. Am 27. November 1910 fand die Vermählung statt, die auch in der »unabhängigen jüdischen Wochenschrift« *Selbstwehr* angekündigt wurde. Ein Hochzeitsfoto ist zwar nicht überliefert, es dürfte sich aber, schon wegen der Anzahl der Geschwister von Karl Hermann, um eine recht große Hochzeitsfeier gehandelt haben. Das Bild hätte ähnlich wie die erhaltene Fotografie von der Hochzeit von Karl Hermanns Schwester Vilma mit Max Trauer drei Jahre später aussehen können, zu der auch Julie und Hermann Kafka eingeladen waren. Franz, der aufmerksame Beobachter des Geschehens innerhalb und außerhalb der Familie, empfand zwar bei der Verlobung seiner Schwester die gleiche Trostlosigkeit und Skepsis[2] wie bei ähnlichen Anlässen in seinem Freundeskreis. Dann mußte er aber zu seinem großen Erstaunen feststellen, wie sich seine Schwester, »ein früher schwerfälliges, nie zu befriedigendes, verdrießlich sich forthaspelndes Wesen«, nach der Hochzeit in eine »fröhliche, unbekümmerte, mutig freigiebige, uneigennützige und hoffnungsvolle« junge Frau verwandelte, die »in lauter Glück ihre Existenz förmlich verbreitert hat«.[3] Daß gerade der schüchternen passiven Elli der »fast vollständige Durchbruch«[4] aus der Umkreisung durch die väterliche Autorität gelungen war und sie anscheinend unbeschadet Vaters jahrelange Mißgunst überstanden hatte, grenzte für ihn, der darum bisher vergeblich kämpfte, an ein Wunder und gab ihm vielleicht die Hoffnung, auch sich selbst aus der schmerzhaften Verstrickung mit seinem Vater lösen zu können.

Nach der Hochzeit zieht das junge Ehepaar in die Nerudagasse auf den Weinbergen außerhalb der traditionellen jüdischen Quartiere. Ein paar Monate später ist Elli schon schwanger, und am 9. Dezember 1911 bringt sie ihr erstes Kind, den Sohn Felix, auf die Welt. Hermann Kafkas Freude über sein erstes Enkelkind ist riesengroß: »Als vorgestern die Mutter um 1 Uhr in der Nacht von meiner Schwester zurückkam mit der Nachricht von der Geburt des Jungen, zog mein Vater im Nachthemd durch die Wohnung, öffnete alle Zimmer, weckte mich, das Dienstmädchen und die Schwestern und verkündete die Geburt in einer Weise, als sei das Kind nicht nur geboren worden, sondern als habe es auch bereits ein ehrenvolles Leben geführt und sein Begräbnis gehabt.«[5] Acht Tage später wird der Neugeborene im Kreise der Familie auf dem Schoß des Großvaters Leopold Hermann beschnitten. »Wie er nun gelangt ist in den Bund, so soll er gelangen zur Kenntnis der

Tora, zum glücklichen Ehebund und zur Ausübung guter Werke«, beten die Anwesenden zum Abschluß der Zeremonie.

Bald nach Felix' Geburt wurde die gute Stimmung in der Familie allerdings durch den Streit um Franz' Mitarbeit in den im Spätsommer 1911 gegründeten »Prager Asbestwerken Hermann und Co.« getrübt. Der Impuls für die Gründung der Fabrik ging zweifellos von Karl Hermann aus, und in das Unternehmen sollte offensichtlich auch ein Teil von Ellis Mitgift fließen. Erstaunlich für alle, die ihn kannten, hat Franz Kafka diesen Plan unterstützt, zeitweilig sogar mit einiger Begeisterung, und wurde letztlich zum Gesellschafter der Firma. Was die eigentlichen Beweggründe für dieses ihm so fremde Engagement waren, ob eine augenblickliche Stimmungslage, die Versuchung des praktischen Lebens oder die Aussicht auf größere ökonomische Sicherheit dabei eine Rolle spielten, darüber hat sich Franz Kafka nie geäußert. Jedenfalls fühlte er sich bald nach der Gründung nicht imstande, die Erwartungen der Eltern an seine tätige Mitarbeit in der Fabrik, die auch einer gewissen Kontrolle von Karl Hermann dienen sollte, zu erfüllen. Man kann sich die Enttäuschung und Verärgerung der Eltern, die diesmal auch die Schwester Ottla teilte, über Franz' Verhalten gut vorstellen, zumal sie wohl in dem ursprünglichen Interesse an der Fabrik ein Zeichen seines allmählichen und erwarteten »Vernünftigwerdens« sahen, wie es die Mutter auch einmal zum Ausdruck brachte und ihr Sohn in seinem Tagebuch festhielt:

> Heute sprach ich beim Frühstück mit der Mutter zufällig über Kinder und Heirathen, nur ein paar Worte, aber ich bemerkte dabei zum erstenmal deutlich, wie unwahr und kindlich die Vorstellung ist, die sich meine Mutter von mir macht. Sie hält mich für einen gesunden jungen Mann, der ein wenig an der Einbildung leidet, krank zu sein. Diese

Einbildung wird mit der Zeit von selbst schwinden, eine Heirat allerdings und Kinderzeugung würde sie am gründlichsten beseitigen. Dann würde auch das Interesse an der Litteratur auf jenes Maß zurückgehn, das vielleicht den Gebildeten nötig ist. Das Interesse an meinem Beruf oder an der Fabrik oder an dem, was mir gerade in die Hände kommt, wird in selbstverständlicher ungestörter Größe einsetzen.[6]

Im Frühjahr 1912 wurde in der Familie die Fabrik allmählich zu einem fast allabendlichen Thema. Während die Mutter mit Klagen versuchte, Franz zu einem größeren Engagement in der Fabrik zu bewegen, und auch die notwendige Rücksicht auf Vaters Herz anmahnte, machte Hermann Kafka seinem Sohn vor allem Vorwürfe, daß er ihn in die ganze Angelegenheit »hineingetanzt« habe, wie er sagte. Aufgrund seiner Schuldgefühle und auch seines inneren Widerstandes gegenüber dem Umstand, als Firmeninhaber an der Ausbeutung der im Werk arbeitenden Frauen beteiligt zu sein, vor allem aber, weil sie ihn am Schreiben hinderte, wurde für Kafka die Fabrik zur Qual und brachte ihn schließlich an den Rand des Selbstmordes. »...ich trage nach der Meinung aller die Hauptschuld an der Gründung der Fabrik – ich muß diese Schuld halb im Traum übernommen haben...«[7] schreibt Kafka im Oktober, als sich die ganze Angelegenheit immer mehr zuspitzt, in einem verzweifelten Brief an Max Brod. Nach seiner Intervention bei der Mutter wird dann doch eine Lösung gefunden: Paul Hermann, Karls Bruder, ein geschickter Geschäftsmann und redlicher Mensch, übernimmt, zuerst ohne Wissen von Hermann Kafka, Franz' Aufgaben. Später tritt er als Gesellschafter in die Firma ein.

Etwa drei Wochen vor dem Brief an Max Brod, in der Nacht vom 22. auf 23. September 1912, findet der Leidensdruck, unter dem Kafka schon seit einigen Monaten steht, seinen Niederschlag in der Erzählung »Das Urteil«. Mit »fürcherlicher Anstrengung und Freude« schreibt er die ganze Geschichte in einem Zug nieder, ein erschütterndes und befreiendes Erlebnis zugleich. Zitternd betritt er am Morgen, nachdem er fertig wurde, das Zimmer der Schwestern, um ihnen das Geschriebene vorzulesen.[8]

Dieses Ereignis markiert eine neue Phase, die in der Beziehung der Geschwister etwa nach 1910 eingetreten war. Ellis Hochzeit und ihr Ausscheiden aus dem Geschwisterkreis spielte in dieser Entwicklung keine Rolle, wenn auch die »Übriggebliebenen« automatisch einander etwas näher rückten. Bisher hatte Franz Kafka in dem Verhältnis der Geschwister zueinander als Autorität, Mentor und Berater der jüngeren Schwestern, bemüht um die Erweiterung ihres Bildungshorizontes, dominiert. Jetzt aber bekam der Part der Schwestern mehr Gewicht, ungeachtet dessen, daß Ottla in der Auseinandersetzung um die Fabrik eher die Position der Eltern vertrat. In dem Maße, wie Kafka in diesen Jahren seine Berufung als Schriftsteller immer klarer wurde, er allerdings noch keine nennenswerten Erfolge auf diesem Gebiet vorweisen konnte, wurde für ihn die Bereitschaft der Schwestern, ihm zuzuhören, zu einer wichtigen Stütze. Mit ihnen verband ihn eine unbelastete und unproblematische Nähe, die eine völlige Offenheit zuließ, nicht unähnlich der Offenheit, die er beim Schreiben verspürte. »Ich bin vor meinen Schwestern, besonders früher war es so, oft ein ganz anderer Mensch gewesen, als vor andern Leuten. Furchtlos, bloßgestellt, mächtig, überraschend, ergriffen wie sonst nur beim Schreiben«[9], notiert er im Tagebuch. Diese seit der Kindheit gewachsene Vertrautheit bekam jetzt eine neue Funktion.

Die Schwestern brachten ihm genau das entgegen, was der noch unsichere und an seinen Fähigkeiten und seiner Produktivität oft zweifelnde Autor brauchte: ein wohlwollendes Interesse, das nicht gleich mit einem Anspruch verbunden war. Ihnen konnte er vorlesen, ohne sich gleich stellen zu müssen[10], und sie besaßen ausreichend Sensibilität und Einfühlungsvermögen, um seine Texte zu verstehen. Wie unentbehrlich die intellektuellen Debatten mit den Freunden für Kafka auch waren, so waren sie trotz aller Solidarität und gegenseitiger Unterstützung doch nicht ganz frei von Konkurrenz. Vorzulesen bedeutete, bei aller Neugierde, die dem neuen Text und seinem Autor entgegengebracht wurde, gleich gemessen zu werden, Leistung zu erbringen, Erwartungen zu erfüllen oder zu enttäuschen. Seinen Freunden gegenüber verhielt sich Kafka genauso – ging es doch um mehr als bloßes Vorlesen: Hier wurden schon die zukünftigen Rangordnungen in der Literatur ausgehandelt. Bei den Schwestern dagegen war man zuerst Mensch und Bruder und erst dann ein Literat. »Wenn ich jetzt am Abend zu meinen Verwandten zurückkehren werde, werde ich, da ich nichts geschrieben habe, was mich freuen würde, ihnen nicht fremder verächtlicher, nutzloser vorkommen als mir. Dies alles natürlich nur meinem Gefühl nach (das durch keine noch so genaue Beobachtung zu betrügen ist) denn tatsächlich haben sie alle Achtung vor mir und lieben mich auch.«[11]

Im Tausch für diese Akzeptanz ohne Anspruch und Leistung, für diesen Schutzraum, den sie ihm boten, hat Franz seinen Schwestern einen Zugang zu anderen Dimensionen des Lebens eröffnet, den sie ohne ihn kaum gefunden hätten. Ellis Tochter, Gerti Kaufmann, schreibt darüber in ihren Erinnerungen:

> Die Atmosphäre, die von ihm ausging und sich in seinen Schwestern widerspiegelte, war sehr eigenartig. Wir Kinder wuchsen in einem gutbürgerlichen, sehr geregelten Milieu

> auf, das aber doch sehr verschieden war von dem anderer Menschen in derselben sozialen Schicht, eben durch diesen Einfluß, der von Franz Kafka ausging und sich auf seine Schwestern übertrug. Meine Mutter war seine älteste Schwester. Aber alle drei Schwestern waren sehr sensitiv und hatten eine sehr große Einfühlungskraft. Im Leben meiner Mutter spielten wir Kinder, ihr Mann eine sehr positive Rolle, die sie ausfüllte, aber all das war ihr irgendwie sehr selbstverständlich. Tiefer als das ging der Einfluß ihres Bruders. Durch ihn war sie mit allem Kostbaren und Schönen und auch Schweren und Unerklärlichen verbunden und sie konnte sich einfühlen in seine Welt.[12]

Nachdem Elli ihr Eheglück gefunden hatte, wurde die Verheiratung von Valli ins Auge gefaßt. Aus unbekannten Gründen führte die Suche nach dem geeigneten Partner für Valerie nicht so schnell zum Erfolg wie bei Elli. Eine Heiratsvermittlerin, eine Frau in einem Kleid, »dem Alter, Abgenütztheit und Schmutz einen hellgrauen Schimmer gaben«[13], erscheint nach Kafkas Beschreibung in der Familie schon Ende Oktober 1911 mit ihrem Angebot. Valerie wird aber auf den Bräutigam noch mehr als ein Jahr warten müssen – keine schöne Zeit. Ihre Schwester Elli erwartet inzwischen schon ihr zweites Kind und ist überhaupt nicht glücklich darüber. Und manchmal hat jeder in der Familie einen Grund, für sich alleine und mit den anderen gemeinsam unglücklich zu sein. »Trostloser Abend heute in der Familie«, notiert Kafka in seinem Tagebuch im Mai 1912. »Die Schwester weint wegen ihrer neuen Schwangerschaft, der Schwager braucht Geld für die Fabrik, der Vater ist aufgeregt wegen der Schwester, wegen des Geschäfts und wegen seines Herzens, meine unglückliche zweite Schwester, die über alles unglückliche Mutter und ich mit meinen Schreibereien.«[14]

Ungetrübt glücklich ist in dieser Zeit wohl nur der kleine Felix, der, wenn er auch später »Konkurrenz« bekommt, der Lieblingsenkel seines Großvaters bleiben wird. Mit ihm wird sich Hermann Kafka sogar auf den Boden setzen und spielen und auf diese Art und Weise manches von den versäumten Vaterfreuden nachholen. Wer hätte sich die folgende Szene mit dem kleinen Franz vorstellen können?

> ... gerade ist der kleine Felix auf dem Arm des Fräuleins durch mein Zimmer ins Schlafzimmer befördert worden, hinter ihm geht mein Vater, hinter ihm der Schwager, hinter ihm die Schwester. Nun ist er ins Bett der Mutter gebettet worden und jetzt horcht der Vater in meinem Zimmer an der Tür des Schlafzimmers, ob ihn Felix nicht doch noch rufen wird, denn ihn liebt er am meisten von allen. Tatsächlich ruft er noch »Dje-Dje«, was Großvater heißt, und nun öffnet der Vater zitternd vor Freude noch einigemal die Tür, steckt einigemal noch schnell den Kopf ins Schlafzimmer und entlockt so dem Kind noch ein paar Dje-Dje-Rufe.[15]

Ende Juni 1912 mit Max Brod nach Weimar unterwegs, trifft Franz Kafka in Leipzig – den Kontakt hatte der schon als Literat bekannte Freund vermittelt – den jungen Verleger Ernst Rowohlt, der Interesse an der Herausgabe seiner Prosa zeigt. Nach der Rückkehr aus der Kur, die er im Harz absolvierte, beginnt Kafka, zögernd und unsicher wie immer, eine Auswahl seiner »Betrachtungen« für sein literarisches Debüt vorzubereiten. Als er am 13. August abends zu Max Brod kommt, um sich mit ihm darüber zu beraten, begegnet er hier einer entfernten Verwandten* seines Freundes, Felice Bauer aus Berlin. Wenn auch sein erster Eindruck von ihr nicht gerade positiv

* Felice Bauer war eine Cousine von Max Friedmann, dem Mann von Brods Schwester Sophie.

ausfällt – im Tagebuch ist von einem leeren knochigen Gesicht und dienstmädchenhaften Aussehen die Rede[16], versucht er etwas später mit ihr in Kontakt zu kommen. Nach anfänglichem Stocken entwickelt sich während des Herbstes 1912 zwischen Felice Bauer und Franz Kafka eine lebhafte Korrespondenz.

Inzwischen wurde auch für Valli der geeignete Mann gefunden und am 15. September die Verlobung gefeiert. Der Bräutigam, der acht Jahre ältere Josef Pollak, ein Angestellter und später Prokurist in der Papierbranche, ein etwas melancholischer Mann, der meisterhaft jüdische Witze erzählen kann, stammt nicht aus so wohlhabenden Verhältnissen wie Karl Hermann. Nach Prag ist er aus dem in Mittelböhmen liegenden Provinzstädtchen Český Brod gekommen – auch er gehört also dem böhmischen Landjudentum an.

Um sich vor der Neugierde seiner Mutter zu schützen, läßt sich Franz Kafka auch seine private Korrespondenz, die augenblicklich ausschließlich aus Felicens Briefen besteht, in seine Dienststelle in der Arbeiter-Unfall-Versicherung schikken. Im November 1912 passiert, was hätte nie passieren dürfen. Als Julie Kafka in der Tasche des in Franz' Zimmer auf dem Kleiderrechen hängenden Rocks einen Brief erblickt, kann sie sich nicht zurückhalten. Neugierig darüber, ob vielleicht auch ihr Ältester jetzt endlich den Ehehafen ansteuert, liest sie darin und schreibt gleich darauf Felice einen Brief, in dem sie ihr die Sorgen um Franz' Gesundheit anvertraut:

> Daß er sich in seinen Mußestunden mit dem Schreiben beschäftigt, weiß ich schon viele Jahre. Ich hielt dies aber nur für einen Zeitvertreib. Auch dies würde ja seiner Gesundheit nicht schaden, wenn er schlafen und essen würde wie andere junge Leute in seinem Alter. Er schläft und ißt so wenig, daß er seine Gesundheit untergräbt [...]

> Darum bitte ich Sie sehr, ihn auf eine Art darauf aufmerksam zu machen, und ihn [zu] befragen wie er lebt, was er ißt, wieviel Mahlzeiten er nimmt, überhaupt seine Tageseintheilung.[17]

Als Kafka erfährt, was passiert ist, gerät er fast außer sich vor Wut und Zorn. »Liebste, es ist ein Glück, daß ich Dir nicht vor 2 Stunden geschrieben habe, sonst hätte ich über meine Mutter Dinge geschrieben, wegen deren Du mich hättest hassen müssen«[18], schreibt er an Felice. Aber auch so ist sein Urteil über die Mutter hart genug. Von der Zudringlichkeit ihrer Liebe ist in dem Brief die Rede, von ihrer Liebe, die gerade so groß sei wie der Unverstand ihm gegenüber, von der Rücksichtslosigkeit, die aus diesem Unverstand in ihre Liebe übergehe und womöglich noch größer sei.

Am nächsten Tag kommt es dann zu einer allerdings recht herben Aussprache zwischen Sohn und Mutter: »Ich sagte ihr, was ich dachte, ich sagte es ihr in einem fast gänzlich unbeherrschten Ausbruch«, schreibt Kafka an Felice und sieht am nächsten Tag dann der Mutter »trotz ihrer Sorge das Glück an, das sie über unser gegenwärtiges Verhältnis nach dem gestrigen schlimmen Abend fühlt.«[19]

Trotz dieser Klärung ist das Verhältnis zwischen Mutter und Sohn für einige Zeit nachhaltig getrübt, zumal Julie Kafka auch weiterhin recht unglücklich agiert, wenn sie die Beantwortung der Briefe von Alfred Löwy anmahnt, oder, als die Beziehung zwischen ihrem Sohn und Felice ernster wird, darauf besteht, Auskünfte über die Familie Bauer einzuholen. Und so kommt die für Franz Kafka recht ungewöhnliche Wut immer wieder hoch. »Wie ich gegen meine Mutter wüte!« notiert er zum Beispiel in seinem Tagebuch am 5. Dezember 1913. »Ich muß nur mit ihr zu reden anfangen, schon bin ich gereizt, schreie fast.«[20]

Felice Bauer am Arm ihrer Mutter

Die Stimmungen innerhalb einer Familie sind allerdings nie aus einem Guß, sondern immerfort starken Schwankungen unterworfen – und gerade dies macht die familiären Beziehungen so kompliziert. Stunden tiefer Verärgerung und Fremdheit wechseln mit Augenblicken der Übereinstimmung und Freude ab – und so wird alles noch schwerer. Anders war es auch in der Familie Kafka nicht, und so kann man in kleinen zeitlichen Abständen sowohl in Kafkas Tagebüchern als auch den Briefen an Felice Äußerungen von Wut genauso wie von zaghafter Annäherung finden:

> Gerade wollte ich mich ausziehn, da kam die Mutter wegen einer Kleinigkeit herein und bot mir dann beim Weggehn einen Gute-Nachtkuß an, was schon viele Jahre nicht geschehen ist. »So ist es recht«, sagte ich. »Ich habe es nie-

mals gewagt,« sagte die Mutter, »ich dachte, Du hast es nicht gern. Aber wenn Du es gern hast, habe ich es auch sehr gern.«[21]

Bei solchen sich ständig verändernden emotionalen Konstellationen ist es vor allem für die Sensiblen in der Kindergeneration naheliegend, die Schuld für die Mißstimmungen und Streitigkeiten bei sich selbst zu suchen: »Die Eintracht in der Familie wird eigentlich nur durch mich gestört und mit den fortschreitenden Jahren immer ärger, ich weiß mir sehr oft keine Hilfe und fühle mich recht tief in Schuld bei meinen Eltern und allen.«[22]

Umgekehrt läßt das Gefühl der Schuld aber auch die Kritik an der Familie in den Briefen an Felice nicht ganz verstummen, wohl schon deswegen, um Felice mit ihren eigenen, immer wieder angedeuteten Schwierigkeiten in der Familie nicht als »der Glücklichere« alleine zu lassen. Möglicherweise hatte die Mutter durch ihr unglückliches Eingreifen in die Beziehung, gerade in der sensiblen Anfangsphase, Kafkas Zweifel an seiner Fähigkeit, normal, das heißt als verheirateter Mann zu leben, verstärkt, und in diesem Sinne ihren Verlauf mitbeeinflußt. Mit ihrem Agieren hatte Julie Kafka ihrem Sohn den Widerspruch zwischen der durch sie verkörperten bürgerlichen Existenz (Heiraten und Kinder bekommen) und der Existenz als Schriftsteller anschaulich vor Augen geführt. Im Licht ihres Handelns und ihrer Forderungen schien das Problem unlösbar. Und sie machte Franz auch deutlich, daß Felice auf dem anderen Ufer stand.

Als die Spannungen zwischen Franz und seiner Mutter ihren Höhepunkt erreichten, war das zweite Kind Ellis, die Tochter Gerti, schon einige Tage auf der Welt. Die freudige Nachricht von ihrer Geburt brachte diesmal Fräulein Werner, und sie freute sich genauso wie Hermann Kafka bei der Geburt seines ersten Enkels. »Früh wurde ich übrigens vor der gewöhnlichen Zeit geweckt«, schreibt Kafka über dieses Ereignis am 8. November an Felice, »denn unser Fräulein stürmte in die Wohnung und brachte in Form eines Schreies, eines, wie es mir im Halbschlaf schien, geradezu mütterlichen Schreies, die Nachricht, daß meine Schwester kurz nach Mitternacht ein Mädchen geboren hat.«[23] Viel weniger Beachtung fand dagegen einen Monat später Franz' literarisches Debüt. Als er dem Vater die *Betrachtung* sicherlich voller Stolz und Erleichterung geben wollte, verwies ihn Hermann Kafka nur auf seinen Nachttisch, auf den er das Buch legen sollte. Der Satz: »Leg es auf den Nachttisch«[24] sollte unter den Geschwistern sprichwörtlich werden.

Die beiden Jahre 1911 und 1912 waren für die Familie Kafka keineswegs ereignisarm, die erfreulichen und weniger erfreulichen Begebenheiten wechselten einander ab: die unsägliche Gründung der Asbestfabrik, die Geburt des ersten Enkelkindes, die Spannungen um Franz' Mitarbeit in den Asbestwerken, der Umzug des Geschäftes in die neuen Räume im Kinský-Palais, die Verlobung Vallis, der Beginn von Franz' Beziehung zu Felice Bauer, die Geburt Gertis, Franz' literarisches Debüt und sicherlich noch weitere Ereignisse, die niemand notierte, füllten die letzten zwei Jahre. Möglicherweise lernte in diesem Jahr auch Ottla, die Jüngste, ihren späteren Mann Josef David kennen. Und Vallis Hochzeit stand bevor.

Das gewöhnliche Leben

Das Jahr 1913 schien für die Familie Kafka gut zu beginnen. Am 12. Januar 1913 feierte Valli ihre Hochzeit mit Josef Pollak. Zu diesem Anlaß wurden an die 600 Anzeigen verschickt und für die Festlichkeit eine »unsinnige Summe« mit

»Schmerzen hinausgeworfen«, wie Kafka nach Berlin berichtet. Aber die Eltern sind glücklich. »Jemand hat mir gesagt, die Valli habe gestern im Brautschleier wie eine Fürstin ausgesehn«[1], konstatiert am nächsten Tag Hermann Kafka hochzufrieden.

Ein fröhliches Ereignis ist die Hochzeit zwar, aber nicht ohne Abschiedstrauer. Nach Elli verläßt jetzt auch Valli den Kreis der Geschwister. Die distanzierte, beherrschte Valli hatte eine unauffällige, ausgleichende Kraft in dem Dreiergespann der ›Übriggebliebenen‹ gebildet. Sie weiß genau, was sie verliert, aber noch nicht, was sie durch die Heirat gewinnt. Als am Vorabend der Hochzeit die Wirtschafterin weinend ihre Sachen packt, bricht auch Valli in Tränen aus. Als Ottla ihre verweinten Augen bemerkt, ruft sie halb ernst, halb im Scherz: »Die ist gescheit, sie weint auch!«[2], erfreut darüber, daß Valli die bedrückte Stimmung der anderen Geschwister spürt und teilt.

Der neue Schwager erfaßt mit einem Blick Franz' besondere Stellung und Fremdheit in der Familie und kleidet sie sofort in einen Witz: »Guten Abend, Franz! Wie geht's? Was schreibt man von zuhause?«[3]

Neben Josef Pollak und seinen Eltern erweitert sich die Familie auch um seine drei Brüder Rudolf, Karel und Bohumil. Während Rudolf als das schwarze Schaf der Familie gilt und die übrige Familie mit ihm kaum verkehrt, stellen die beiden anderen Brüder, Karel, ein Patentingenieur, und Bohumil, ein Verkäufer in einem Textilgeschäft, beide noch Junggesellen, ein lustiges Paar dar. Sie leben zusammen, streiten sich oft und kommunizieren dann auch am Tisch nur schriftlich. »Kannst Du mir, bitte, das Salzdöschen reichen?« steht nicht nur einmal auf dem Kommunikationszettel.

Von der Religiosität der Landjuden hat sich in der Familie Pollak mehr als etwa bei Kafkas oder Hermanns erhalten. Es

Hochzeit von Valli Kafka mit Josef Pollak, 1913

wird zwar auch nicht mehr koscher gekocht, doch besucht Josef Pollak regelmäßig die Synagoge und hält an den wichtigsten jüdischen Feiertagen fest. Später werden auch seine beiden Töchter zum Besuch der Synagoge angehalten und erhalten einen religiösen Unterricht. An Jom Kippur, dem Versöhnungstag, wird regelmäßig gefastet. Besonders streng im Einhalten der jüdischen Sitten ist Josef Pollaks Bruder Bohumil, ansonsten ein glühender tschechischer Patriot.

Josef Pollak, in der Familie Pepa genannt, ist – wohl mehr als etwa Karl Hermann – ein autoritärer Mann. Jedenfalls hat sich die Frau seiner Meinung nach dem Mann unterzuordnen. Das ist allerdings die Konstellation, die Valli von zu Hause gut kennt und mit der sie auch umgehen kann. Nach außen hin passiv – die späteren Schulkameradinnen ihrer Tochter Marianne werden sie zärtlich »puťka«, oder »putička« («Putchen«) nennen –, kann Valli jedoch kämpferisch sein, wenn sie antisemitische Äußerungen hört, eingreifen, wenn jemandem, insbesondere einem Kind Unrecht geschieht, und aktiv werden, wenn sie mit jemandem Mitleid empfindet. Als einmal im Zirkus bei einer Kraftnummer der Vorführende vergeblich Ausschau nach Damen hält, die ein auf seinem Bauch befestigtes Karusell besteigen möchten, betritt plötzlich, zum Entsetzen ihrer Töchter, das schüchterne »Putchen« die Arena, weil ihr der Mann leid tut, und animiert dadurch weitere Zuschauerinnen zum Mitmachen. Das »Poriassche Erbe« ist also auch bei Valli vorhanden. Es scheint, daß sie von allen drei Schwestern am besten die Kunst beherrschte, nach außen hin angepaßt, nach innen ein intensives und freies Leben zu führen, in dem das Gelesene keine geringe Rolle spielte. Ihre rhetorischen Fähigkeiten, die Eloquenz und Kultiviertheit, mit der sie sich ausdrücken konnte – »es war ein Vergnügen sich mit ihr zu unterhalten«[4], erinnerte man sich noch Jahre später –, lassen diesen Schluß zu. Möglicherweise hat Josef Pollak von diesem Innenleben seiner unauffälligen stillen Frau wenig gewußt.

Im Unterschied zu Franz, der einen verhältnismäßig großen Bekannten- und einen kleineren Freundeskreis hatte, mit dem er mitunter einen intensiven intellektuellen Umgang pflegte, waren die gesellschaftlichen Kontakte der Familie Kafka, bis vielleicht auf ein paar Geschäftsfreunde Hermanns, Familienkontakte. Ihre Pflege, die mitunter recht intensive Teilnahme am Leben der gesamten weitverzweigten Verwandschaft – der »Mischpoche« –, war ein Bestandteil der jüdischen Tradition. In der jahrhundertelangen Verfolgung und Diskriminierung,

Valli mit ihren Töchtern Lotte und Marianne, um 1931

der die Juden in der Diaspora ausgesetzt waren, stellte der feste Zusammenhalt des Familienverbandes eine Art kollektive Überlebensstrategie dar. Die weitverzweigten Familienkontakte und Verwandtschaftsbande leisteten, in ihrer Funktion einem Myzelium nicht unähnlich, sowohl bei den erzwungenen Migrationen und Vertreibungen als auch bei Umzügen, Niederlassungen und Existenzgründungen eine wichtige Hilfe. Sie trugen ihren Teil zur Sicherung der immer wieder bedrohten jüdischen Existenz bei. Im Laufe der jahrhundertelangen Erfahrung war diese oft lebensrettende Notwendigkeit zur Selbstverständlichkeit geworden. Man hätte sich einfach nicht vorstellen können, daß es auch anders sein könnte.

In der Familie Kafka ging es in dieser Hinsicht nicht anders zu, und auch Franz Kafkas zu langes, heute kaum noch verständliches Ausharren im engen Familienkreis ist teilweise aus dieser Tradition heraus zu verstehen. Für die Kontakte mit der Prager Verwandtschaft waren außer den besonderen Feiern wie den Geburtstagen die Sonntagsnachmittage reserviert, und der Besuch wurde in der Regel mit einem kleinen Spaziergang, am liebsten in einem der bevorzugten Parks der Familie wie den Chotek-Anlagen, dem Baumgarten oder dem Letná-Plateau, verbunden. Überhaupt ging man viel zu Fuß.

Die ausgedehnten verwandtschaftlichen Kontakte lassen sich nur bruchstückhaft rekonstruieren. Zweifellos hat Julie Kafka bis zu dessen Tod im Jahre 1910 einen lebhaften Kontakt mit ihrem Vater Jakob Löwy unterhalten. Auch bei ihren Geburtstagen war er immer zu Gast, genauso wie ihr jüngerer Bruder Richard mit seinen Kindern, von welchen vor allem Martha sich wegen ihres angenehm zurückhaltenden Wesens einer besonderen Sympathie ihres Cousins Franz erfreute. Auch Rudolf, der zum Christentum übergetretene Halbbruder Julies, ein Junggeselle und eine merkwürdige Existenz – der »Narr« der Familie –, hatte keineswegs seine Kontakte zur Schwester abgebrochen. Sonst hätte ihn Hermann Kafka nicht mit seinem Sohn vergleichen können, der sich seiner Meinung nach zu einer Art Onkel Rudolf der nächsten Generation entwickelte.

Überraschend lebendig blieb aber auch die Beziehung Julies zu ihrem ältesten, überaus erfolgreichen Bruder Alfred Löwy, der in Paris und später als Eisenbahndirektor in Madrid lebte, aber fast jedes Jahr nach Prag kam, um seine Eltern und seine Schwester zu besuchen. Selbst mit dem jüngeren Bruder, Josef Löwy, der lange Jahre in Afrika verbrachte, gab es immer wieder Kontakt; noch 1921 besuchte ihn die frisch verheiratete Ottla mit ihrem Mann in Paris. Eine besonders enge und herzliche Beziehung bestand zum jüngsten Halbbruder Juliens, Siegfried Löwy, dem Arzt in Triesch (Třešť), bei dem die junge Generation der Familie Kafka, insbesondere Franz und Ottla, oft die Ferien verbrachten. Siegfried Löwy, der Lieblingsonkel Kafkas, ein Freiluftfanatiker und weiterer Sonderling in der

Dr. Siegfried Löwy (links) mit seinen Nichten, in der Mitte vorne Ottla

Löwyschen Galerie, hatte einen nicht geringen Einfluß auf seinen Neffen. Nachdem er die Praxis in Triesch aufgab, zog er nach Prag und wohnte in den zwanziger Jahren sogar einige Zeit bei seiner Schwester, bevor er eine eigene Wohnung in der Bílekgasse 4 bezog.

Von den fünf Geschwistern Hermann Kafkas lebte nur der wenig erfolgreiche Ludwig in Prag, die anderen waren über die kleineren Städte Böhmens verstreut: Hermanns jüngere

Schwester Julie in Strakonitz, der früh verstorbene Heinrich in Leitmeritz, Anna in Schüttenhofen und der älteste Bruder Filip in Kolín. Auch zwischen Hermanns Geschwistern brach der Kontakt nie ab. Man besuchte sich gegenseitig und fuhr auch gemeinsam in Urlaub, so 1905 auf die Insel Norderney. Hermanns älteste Schwester Anna, die kinderlos blieb, zog als Witwe nach Prag und verbrachte hier ihren langen Lebensabend. Sie überlebte alle ihre jüngeren Geschwister und starb 1936, im Alter von 88 Jahren. Man kann annehmen, daß es ähnliche Familienkontakte auch zwischen Hermann Kafkas Cousins, dem Wein- und Spirituosenhändler Angelus Kafka, bei dem Hermann vor seiner Verheiratung gewohnt hatte, und dem angesehenen Prager Rechtsanwalt Moritz Kafka gab, wenn dies auch nicht belegt ist. Dem Sohn von Moritz Kafka, Bruno, einem Juristen mit glänzender Karriere, begegnete Franz Kafka jedenfalls an der Universität. Nach der Verheiratung von Elli und Valli kamen zu diesem Geflecht an verwandtschaftlichen Beziehungen auch die Kontakte mit den Familien Hermann und Pollak hinzu.

In dem Maße, wie sich die wirtschaftliche Situation der Familie Kafka stabilisierte, änderten sich auch ihre Ferienorte. Als die Kinder klein waren, suchte man etwa ab 1900 für die Sommerfrische Orte in der näheren Umgebung Prags auf, etwa Roztoky, Radešovice, Dobřichovice, Černošice, wo der Vater die Familie besuchen konnte, oder weiter entfernte wie Liboch und Zálezly an der Elbe oder Třešť (Triesch), wo man beim Onkel Siegfried wohnte. Franz war in der Familie wohl der erste, der Ferien im Ausland verbachte; 1901 fuhr er, möglicherweise auf Einladung von Onkel Siegfried, der ihn begleitete, als Belohnung für das Bestehen des Abiturs auf die Inseln Norderney und Helgoland. Im Vergleich zu seinen Schwestern unternahm Franz ausgedehnte Auslandsreisen. Auch in dieser Hinsicht machte sich die häusliche, eher ein-

Hermann Kafka (rechts) in Norderney (um 1900), mit seinen Brüdern Ludwig (mit dessen Frau Laura, links) und Filip (mit dessen Frau Klara, Mitte)

schränkende Erziehung der drei Mädchen bemerkbar. Selbst Ausflüge in die Prager Umgebung, oft mit langen Märschen verbunden, die Franz mit seinen Freunden unternahm, waren, soweit wir darüber informiert sind, die Sache der Schwestern nicht. Nur Ottla machte in dieser Hinsicht später eine Ausnahme und näherte sich, sicher auch unter dem Einfluß ihres Mannes, mehr dem tschechischen Muster der Freizeitgestaltung an – mit Wochenendhäuschen an der Sázava, Aufenthalt in der Natur und sportlicher Betätigung. Die beiden älteren Schwestern blieben dagegen beim klassischen gutbürgerlichen Sonntagsspaziergang. Später, als Julie und Hermann Kafka ihren jahrelangen Urlaub- und Kurort in Franzensbad fanden, wurden sie dort oft von ihren Kindern und auch Enkeln besucht. Valli, mit der sich Julie Kafka besonders gut verstand, begleitete ihre Mutter sogar mehrmals dorthin. Als Erholungsort einen Kurort zu wählen, war in dieser Zeit durchaus standesgemäß und im Bürgertum üblich. Unter dem Dreigestirn der westböhmischen Bäder war Franzensbad zwar die

Julie Kafka und Valli in Franzensbad (1917)

etwas bescheidenere, aber doch gute Wahl, welche dem Status der Familie Kafka genau entsprach.

Schon bald nach ihrer Heirat erwartete Valli ihr erstes Kind. Am 19. Dezember 1913 wurde ihre Tochter Marianne geboren, und nicht einmal ein Jahr später, am 24. November 1914, die zweite Tochter, Lotte. Aufmerksam verfolgt Franz, wie sich seine Schwestern nach der Verheiratung verändern, was der Ehestand mit ihnen macht, als möchte er dadurch in Erfahrung bringen, was ihn selbst erwartet, sollte er einmal heiraten. Sie sind für ihn gewissermaßen Trägerinnen eines Geheimnisses, dessen er noch nicht gewärtig ist. »Valli geht hinter dem Schwager, der morgen zur Waffenübung nach Tschotkov einrückt, aus unserer Tür hinaus. Merkwürdig die in diesem Ihm-Folgen liegende Anerkennung der Ehe als Einrichtung, mit der man sich bis in den Grund hinein abgefunden hat«[5], notiert er. Und so wie er sich über Ellis unerwartetes Aufblühen in der Ehe freute, beobachtet er mit Unbehagen, wie Elli ihre Jugendlichkeit langsam verliert: »... meine älteste Schwester, die vor 2 Jahren noch ein junges Mädchen war und sich nach 2 Geburten mehr aus Nachlässigkeit und Unwissenheit als aus Zeitmangel wahrhaftig im Aussehen des Körpers schon meiner Mutter annähert und in einem sonderbaren Mieder mit verquollenem Körper dasitzt. Und wenn man genau zusieht, nähert sich sogar meine mittlere Schwester schon der ältesten.«[6] Viele seiner Beobachtungen und Erkenntnisse teilt er Felice mit. Oft äußert er sich wenig schmeichelhaft, kritisch. Kein Wunder, daß Felice sich kein sehr positives Bild über seine Familie macht und seine Schwestern für »flach« hält, zumal sie sich als Berlinerin den Pragerinnen sowieso etwas überlegen fühlt.

Auch die familiäre Situation von Felice ist nicht ganz einfach, wie sich Kafkas Reaktionen entnehmen läßt. Sich über die eigene Familie zu beschweren, gehört zu den üblichen Ritualen der Ablösungsphase vom eigenen Elternhaus und wird von der Gegenseite nicht ungern als Bekenntnis zum neuen »Bund« gelesen. Als ihm aber Felice in der Zeit kurz vor der zweiten Verlobung »entgegenkommend« schreibt, es würde für sie nicht zu den größten Annehmlichkeiten gehören, bei ihm zu Hause mit seiner ganzen Familie am Tisch zu sitzen, wehrt er ab, und stimmt in seiner Antwort, die er auch im Tagebuch festhält, das Hohe Lied auf die Ambivalenz der Beziehungen in der Familie an, einen großartigen schmerzerfüllten Rundumschlag, der letztlich – so die Natur der Dinge – kein Befreiungsschlag sein kann:

Ich der ich meistens unselbständig war, habe ein unendliches Verlangen nach Selbständigkeit Unabhängigkeit, Freiheit nach allen Seiten, lieber Scheuklappen anziehn und meinen Weg bis zum Äußersten gehn, als daß sich das heimatliche Rudel um mich dreht und mir den Blick zerstreut. [...] Nun stamme ich aber aus meinen Eltern, bin mit ihnen und den Schwestern im Blut verbunden, fühle das im gewöhnlichen Leben und infolge der notwendigen Veranntheit in meine besondern Absichten nicht, achte es aber im Grunde mehr als ich weiß. Das eine Mal verfolge ich auch das mit meinem Haß, der Anblick des Ehebettes zuhause, der gebrauchten Bettwäsche, der sorgfältig hingelegten Hemden kann mich bis zum Erbrechen reizen [...] Das ist das einemal. Das anderemal aber weiß ich wieder, daß es doch meine Eltern sind, notwendige immer wieder Kraft gebende Bestandteile meines eigenen Wesens, nicht nur als Hindernis, sondern auch als Wesen zu mir gehörig. Dann will ich sie so haben, wie man das Beste haben will; habe ich seit jeher in aller Bosheit, Unart, Eigensucht, Lieblosigkeit doch vor ihnen gezittert und tue es eigentlich auch noch heute, denn damit kann man nicht aufhören und haben sie Vater von der einen Seite Mutter von der andern meinen Willen wiederum notwendigerweise fast gebrochen, dann will ich sie dessen auch würdig sehn. [...] Infolgedessen ist für mich ihre Unreinlichkeit 100fach so groß als sie es vielleicht in der Wirklichkeit, die mich nicht kümmert, sein mag; ihre Einfältigkeit hundertfach, ihre Lächerlichkeit hundertfach, ihre Roheit hundertfach. Ihr Gutes dagegen hunderttausendfach kleiner als in Wirklichkeit. Ich bin von ihnen betrogen und kann doch ohne verrückt zu werden gegen das Naturgesetz nicht revoltieren [...] Wenn Du nun hier bist und an dem Tisch meiner Eltern sitzt, ist natürlich die Angriffsfläche, welche das mir Feindliche in meinen Eltern mir gegenüber hat, eine viel größere geworden. [...] Wenn dem so ist, warum freue ich mich dann über Deine Bemerkung nicht? Weil ich förmlich vor meiner Familie stehe und unaufhörlich die Messer im Kreise schwinge, um die Familie immerfort und gleichzeitig zu verwunden und zu verteidigen [...][7]

Im Unterschied zu den sehr traditionell und konservativ erzogenen Schwestern Kafkas verkörperte die beinahe gleichaltrige, 1887 geborene Felice Bauer schon den neuen Typ einer selbständigen, modernen Frau. Um ihrer Mutter, die zeitweilig getrennt von ihrem Mann lebte, beim Unterhalt der Familie zu helfen, ließ sie sich als Stenotypistin ausbilden und arbeitete seit 1909 bei der Firma Carl Lindström A. G., die Diktiergeräte und Parlographen herstellte. Hier avancierte sie in wenigen Jahren zur Prokuristin und vertrat ihre Firma auch auf der Messe in Frankfurt. An den Maßstäben der damaligen Zeit gemessen war Felice eine ›Karrierefrau‹. Jedenfalls war es damals nicht üblich, eine Frau in einer solchen Position anzutreffen.

Freilich war Felice keine Frauenrechtlerin oder Feministin und auch keine Suchende. In ihrer Orientierung blieb sie eher den Normen und Konventionen der bürgerlichen und jüdischen Welt verpflichtet. Durch ihre berufliche Position war sie jedoch notgedrungen mit den Fragen der weiblichen Existenz konfrontiert. Daß sie Strindberg und Schnitzler las, kann als Beweis dafür dienen, daß sie sich der Problematik der modernen Ehe und der Beziehung zwischen den Geschlechtern bewußt war und darüber reflektierte.[8] Spröde und wenig spontan in ihrer Art, wußte sie genau, was sie sich an Selbständigkeit erarbeitet hatte und was sie verlieren würde, wenn sie heiratete.

In ihrer gemeinsamen Beziehung verhielt sich durchaus nicht nur Kafka ambivalent und schreckte vor der Heirat immer wieder zurück. Auch Felice hatte ihre Zweifel und Bedenken. Sie suchte eine gesicherte bürgerliche Existenz, kein unberechenbares Abenteuer. Es war weder berechnend noch egoistisch, sondern blieb innerhalb der bürgerlichen Norm – die Familie Kafka verhielt sich nicht anders –, wenn sie abwog und überlegte, was ihr eigentlich der sehr liebenswürdige, originelle, übersensible und hochintelligente, aber auch sture und unnachgiebige, zweifellos recht anstrengende Mann mit schriftstellerischen Ambitionen als Ehemann bringen würde. Pragmatisch gesehen war es eigentlich nicht sehr viel: zwar eine gute, sichere, ausbaufähige Berufsposition, aber mit einem Gehalt, das gerade für ein bescheidenes Leben gereicht hätte, worauf auch Hermann Kafka seinen Sohn aufmerksam gemacht hatte. Obwohl sie Kafkas Intellektualität zu schätzen wußte, zählten dessen schriftstellerischen Ambitionen für Felice letztlich doch nicht so viel. Strindberg zu lesen und neben ihm zu leben sind eben zwei verschiedene Dinge. Ihre Literaturkenntnisse halfen Felice wenig, wenn es darum ging, die Radikalität von Kafkas dichterischer Existenz zu verstehen und zu akzeptieren, vor allem aber sie ernsthaft als Bestandteil seiner Persönlichkeit, nicht etwa als ›Schmuck‹, zu nehmen, und sich darauf einzulassen, wie es Ottla und später, jede auf ihre Art, Milena Jesenská und Dora Diamant vermochten. Daß sie Kafka liebte, war in Felices Augen nicht das ausschlaggebende Argument für eine Ehe. Fraglich ist allerdings, ob Kafka selbst imstande war, in Felice ein selbständiges und freies Gegenüber zu sehen und zu akzeptieren und nicht nur eine Frau, die letztlich auf ihn hinzuleben und sich ihm anzupassen hatte. Auch von seiner Seite, nicht nur derjenigen seiner Mutter oder Felice selbst, war ein ›Ummodeln‹ im Spiel.

Im Frühjahr 1914 scheint sich die Beziehung zwischen Felice und Franz doch soweit zu stabilisieren, daß sie eine Verlobung ins Auge fassen und Felice sich bereit erklärt, im Herbst

1914 zu heiraten. Am 1. Juni soll die offizielle Verlobung in Berlin gefeiert werden. In den Prager und Berliner Zeitungen wird sie bereits im April angekündigt.

Am 26. Mai fährt Julie Kafka mit Ottla, die sich zuerst weigerte mitzukommen, auf Einladung der Familie Bauer nach Berlin, und Felice besorgt schon im voraus Theaterkarten für sie. Am Samstag folgt Franz mit dem Vater, am 1. Juni, dem Pfingstmontag, ist der Empfang. Alles scheint sich einem guten Ende zu nähern, die bürgerliche Normalität endlich die Oberhand über zuviel Tiefsinn und Zweifel zu gewinnen. Auch die zukünftige Wohnung des Paares in der Langengasse in Prag ist schon gefunden und gemietet, und man beginnt, sich Gedanken über die Einrichtung zu machen. Während Kafka für die modernen Möbel aus den Deutschen Werkstätten plädiert, schweben Felice eher konventionelle dunkle schwere Möbel vor. Mit ihrem Sinn fürs Praktische beteiligt sich auch Julie Kafka eifrig an den Vorbereitungen – man benötige doch auch ein Schlafsofa für Gäste, schreibt sie an Anna Bauer und erkundigt sich nach den Maßen der Bettwäsche.

Sechs Wochen später erweist sich alles als Illusion. Nach einem kurzen »Tribunal« im Askanischen Hof, einer für Kafka äußerst demütigenden Prozedur, bei der seine Zweifel an der Möglichkeit zu heiraten unter Zeugen zum Prozeßgegenstand gemacht werden, wird die Verlobung aufgelöst. Die dichterische und die bürgerliche Existenz erweisen sich einmal mehr als unvereinbar.

»Wer mich beim Lesen beobachtet hätte, würde sicher über mein Aussehen erschrocken sein«, schreibt Julie Kafka an Anna Bauer, nachdem sie die näheren Umstände aus einem Brief von Franz erfahren hat, der sich in Marielyst aufhält; »denn ich war zur Salzsäule erstarrt, alles hätte ich eher gedacht als dies. Ich war den ganzen Tag wie zerschlagen und war nur froh, daß mich mein Alter nicht gefragt hat, was Franz schreibt.«

Sie wäre aber nicht Julie Kafka, wenn sie sich nicht gleich fassen und – fast rührend – neue Hoffnung schöpfen würde. Sie offenbart damit auch ein Stück ihrer »Hausphilosophie«:

> Daß Franz Felice in seiner Art sehr gerne hatte, weis ich. Er hatte aber nie die Gabe besessen, seine Liebe wie andere Menschenkinder zu zeigen. Ich bin davon fest überzeugt, daß er mich zärtlich liebt, er hat mir trotzdem nie besondere Zärtlichkeit bewiesen, auch dem Vater und seinen Schwestern nicht und doch ist er der beste Mensch, den Du Dir denken kannst. Sein Geld theilt er mit seinen armen Kollegen, denn für seine Bedürfnisse braucht er nicht viel. Vielleicht ist er nicht für die Ehe geschaffen, denn sein trachten ist nur sein Schreiben, das ist ihm das Wichtigste im Leben. Dabei baute ich auf die Klugheit Felicens, denn ich sagte mir, daß eine gescheite Frau die Kraft besitzt, einen Mann umzumodln. Nun ging meine Hoffnung in Brüche. Vielleicht müssen wir doch noch nicht die Flinte ins Korn werfen. Die Kinder sollen nicht gänzlich die Freundschaft brechen, sie mögen sich ein Jahr gegenseitig prüfen, es hat ja keine Eile mit dem Heiraten, sie sind noch jung u. können warten.«[9]

Als Julie Kafka am 20. Juli 1914 diesen Brief schreibt – das Attentat auf den österreichischen Thronfolger liegt schon drei Wochen zurück –, weiß sie noch nicht, daß sich in acht Tagen alles ändern wird: Am 28. Juli 1914 erklärt Österreich-Ungarn Serbien den Krieg. Eine lange Periode des Friedens in Europa geht mit einem Paukenschlag zu Ende. Panikartig kehren Tausende aus den Ferien zurück, viele nur, um eine Uniform anzuziehen. Von der Mobilmachung bleibt auch die Familie Kafka nicht verschont: Karl Hermann und Josef Pollak rücken gleich in den ersten Tagen des Krieges ein. Elli, offensichtlich in großer Aufregung, zieht mit ihren zwei kleinen Kindern zu den Eltern, in die große Wohnung im Oppeltschen Haus auf dem Altstädter Ring 6, die die Familie Kafka im November 1913 bezogen hat. Notgedrungen räumt Franz sein Zimmer und zieht vorerst in die Wohnung seiner Schwester Valli in der Bílekgasse 10, die wieder schwanger ist und sich noch bei ihren Schwiegereltern in Český Brod aufhält. Zum ersten Mal in seinem Leben verläßt Franz, mit 31 Jahren, das »Hauptquartier des Lärms«. »Allein in der Wohnung meiner Schwester. Sie liegt tiefer als mein Zimmer, es ist auch eine abseits gelegene Gasse, daher lautes Gerede der Nachbarn unten vor den Türen. Auch Pfeifen. Sonst vollendete Einsamkeit. Keine ersehnte Ehefrau öffnet die Tür. In einem Monat hätte ich heiraten sollen.«[10] Stille kehrt ein. Die fruchtbarste Schaffensperiode in Kafkas Leben kann beginnen.* In den nächsten drei Jahren wird er mehrmals umziehen – die nächste Station wird die Wohnung der Schwester Elli in den Weinbergen sein –, aber nicht mehr in die Wohnung der Eltern zurückkehren. Der Kontakt zu Zuhause ist aber nicht ganz abgebrochen, seine vegetarischen Mahlzeiten nimmt Kafka nach wie vor dort ein.

Gleich in den ersten Monaten des Krieges wird Josef Pollak verwundet und kommt, tief erschüttert durch seine Kriegserfahrung, zur Genesung nach Prag:

> Pepa zurück. Schreiend, aufgeregt, außer Rand und Band. Geschichte vom Maulwurf, der im Schützengraben unter ihm bohrte und den er für ein göttliches Zeichen ansah, von

* In den Jahren 1914 bis 1917 sind trotz der Wiederbelebung des Streites um Kafkas Mitarbeit in der Asbestfabrik, nachdem Karl Hermann und später auch sein Bruder Paul einrücken mußten, außer dem *Prozess*-Fragment und einem Kapitel des *Verschollenen* auch »In der Strafkolonie«, die meisten Erzählungen des Bandes *Der Landarzt* und andere Kurzprosa entstanden. 1917 wurden die »Prager Asbestwerke« liquidiert.

dort wegzurücken. Kaum war er fort, traf ein Schuß einen Soldaten, der ihm nachgekrochen war und sich jetzt über dem Maulwurf befand. – Sein Hauptmann. Man sah deutlich, wie er gefangen genommen wurde. Am nächsten Tag fand man ihn aber nackt von Bajonetten durchbohrt im Wald. Wahrscheinlich hatte er Geld bei sich, man hatte ihn durchsuchen und berauben wollen, er aber hatte »wie die Offiziere sind« sich nicht freiwillig anrühren lassen. – P. hat vor Wut und Aufregung fast geweint, als er auf dem Weg von der Bahn seinen Chef (den er früher maßlos und lächerlich verehrt hatte) traf, wie er elegant angezogen, parfümiert, mit umgehängtem Gucker ins Teater ging. Einen Monat später machte er es selbst mit einer Karte, die ihm dieser Chef geschenkt hatte. Er gieng zum »Ungetreuen Eckehart« einem Lustspiel. – [...] Strafe für Soldaten. Festgebunden an einem Baum stehn bis zum Blauwerden. Weil er z. B. die Karte meiner Schwester irgendwo gegen die Vorschrift hingegeben hatte, wo sie auch tatsächlich verloren gieng.[11]

Der verletzte Arm wird geheilt, die Seele bleibt verwundet. »Nach dem Krieg war der Vater nie mehr so wie vorher, sagte die Mutter immer«, erinnert sich Marianne Steiner. Näher erklärt wurde es den Kindern nicht. Als sie in das Alter kamen, in dem man beginnt, nach der Vergangenheit zu fragen, war niemand mehr da. So lassen uns nur die Zeilen in Kafkas Tagebuch erahnen, welche tiefe Erschütterung der Krieg für den zweiunddreißig Jahre alten Mann bedeutete, der bisher nur ein geregeltes Leben im Frieden kannte.

Sein Bruder Bohumil, ein tschechischer Patriot, lehnte es ab, für Österreich zu kämpfen. Er studierte sich einen Tick ein, der ihn von dem Militärdienst befreite. Nur – der Tick blieb.[12]

Karl Hermann hatte wohl das bessere Los gezogen als sein

Schwager. In den Karpaten beim Train* stationiert, blieb er, wie es scheint, von unmittelbarer Gefahr verschont. Im April 1915 besuchte Elli in Begleitung ihres Bruders ihren Mann in Ungarn. Der einfache Satz auf ihrer Postkarte aus Budapest: »Ich wollte, wir wären noch weiter!«[13], spricht Bände über die Sehnsucht der jungen Frau nach ihrem Mann.

Die kleine Ehe

Als Valli 1913 Hochzeit feiert, ist auch Ottla bereits im idealen Heiratsalter. Darüber ist mit ihr allerdings nicht zu reden. Daß sie schon seit einem Jahr mit Josef David, einem christlichen Tschechen, befreundet ist, wissen die Eltern natürlich nicht. Es wäre auch zu früh, die Angelegenheit mit all den bekannten Konsequenzen publik zu machen. Zum einen ist von beiden Familien Widerstand zu erwarten – Kafkas werden die Freundschaft ihrer Tochter mit einem Nichtjuden, Davids die Beziehung ihres Sohnes zu einer Jüdin zu beanstanden haben –, zum anderen will Josef David noch seine Englischkenntnisse durch einen Aufenthalt in England vervollständigen.

Seit etwa 1909 arbeitet Ottla im elterlichen Geschäft und ist inzwischen für den fast sechzigjährigen Vater zu einer unentbehrlichen Hilfe, zu seiner rechten Hand geworden. Ihr Arbeitseinsatz ist nicht gering: »Sie ist schon früh um 1/4 8 Uhr beim Öffnen da (mein Vater geht erst um 1/2 9 hin) und bleibt dort über Mittag, man bringt ihr das Essen hin, erst am Nachmittag um 4 oder 5 kommt sie nachhause und wenn Saison ist, bleibt sie auch bis zum Geschäftsschluß«[1], berichtet Franz nach Berlin. Donnerstags hat sie allerdings ihren freien Nachmittag. Je länger sie jedoch im Geschäft arbeitet, desto mehr spürt sie, daß ihrem Fortkommen dort Grenzen gesetzt sind.

*österreichisch: Truppe, die für den Nachschub sorgt; Troß.

Der Vater kann sie eben nur als seine rechte Hand brauchen. Ihren Einsatz anzuerkennen, ihr mehr Raum zu geben, oder sie gar zu loben, das alles vermag er nicht. Eine Stelle aus einem Brief Ottlas an Josef David, geschrieben im November 1917, läßt sich sicherlich auch auf diese Zeit anwenden: »Ich möchte, daß Vater mich mehr beachtet, einerlei in welcher Weise.«[2] Kein Wunder, daß Ottla sich unzufrieden fühlt, auch wenn ihr – ähnlich wie ihrer Mutter – die Arbeit im Geschäft und der Umgang mit den Kunden Spaß macht.

Im ersten Jahrzehnt des zwanzigsten Jahrhunderts erreicht die erste Welle des Zionismus Prag. »Der jüdische Volksverein« wurde zwar schon 1900 gegründet und seine Frauenorganisation »Der jüdische Frauenverein« ein Jahr später, aber größere Verbreitung erreichten die Ideen des Zionismus erst zehn Jahre später. Die zunehmende deutsch-tschechische Polarisierung, der deutsche und der tschechische Nationalismus zwangen auch die Juden, nach ihrer Heimat zu suchen. Einen wichtigen Impuls zum Nachdenken über die jüdische Identität bedeuteten die Gastspiele der jiddischen Theatergruppe aus Lemberg zwischen September 1911 und Januar 1912 im Café Savoy in Prag*, die bei Franz Kafka einen sehr nachhaltigen Eindruck hinterließen und für seine Auseinandersetzung mit dem Judentum von großer Bedeutung waren. Der Einfluß des Bruders stand sicherlich Pate bei Ottlas erwachendem Interesse für den Zionismus. Als 1912 in Prag der zionistisch orientierte »Klub jüdischer Frauen und Mädchen« gegründet wurde, trat Ottla ihm bei und nahm an seinen Treffen** teil. Für die konservative jüdische Gesellschaft in Prag bedeutete die zionistische Bewegung zugleich den ersten Schub der

* Die ersten Vorstellungen fanden im Hotel Central in der Hibernergasse statt.

** Die Frauen aus dem Klub gehörten zu den ersten Aussiedlern nach Palästina aus der Tschechoslowakei. Die Mitgliederbasis des Klubs wurde durch die Auswanderung so verdünnt, daß er sich auflöste.

Frauenemanzipation. Gleichzeitig war klar, daß für die Auswanderung nach Palästina landwirtschaftliche Kenntnisse eine Grundbedingung sein würden. Ottla, die sich genauso wie ihr Bruder mit dem Gedanken trug, nach Palästina zu gehen, begann zu überlegen, ob sie die Arbeit im elterlichen Geschäft aufgeben und sich als Landwirtin ausbilden lassen sollte. Das entsprach auch ihrer Naturverbundenheit. Der Bruder stiftete sie dazu zwar nicht an, ging aber mit seinem Beispiel voran: Seit April 1913 arbeitete er regelmäßig im Garten des Pomologischen Instituts im Prager Vorort Troja. Wie schon so oft hatte er auch diesmal Ottla beeinflußt, »aber kaum aus eigenem Antrieb, sondern durch die bloße Tatsache«[3] seines Daseins.

Für Ottlas »Spinnereien« hat Hermann Kafka, als er von ihrer Idee zum ersten Mal hört, natürlich kein Verständnis. Für ihn sieht es so aus, als wollte sie in das alte Oseker Elend zurückkehren. Außerdem braucht er Ottla im Geschäft und sieht sich durch ihre angedeuteten Kündigungsabsichten – wehleidig wie immer – im Stich gelassen.

Inzwischen haben Franz und Felice wieder zusammengefunden und einen intensiven Briefwechsel aufgenommen. Im Juni 1915 verbringen sie sogar einige gemeinsame Tage in Karlsbad. Auch Josef David, Ottlas Freund, inzwischen Angestellter bei der Städtischen Sparkasse und seit April 1915 zum Militär eingezogen, ist für Kafka kein Unbekannter mehr, und er bemüht sich redlich, eine gute Beziehung zu ihm aufzubauen und eine gemeinsame Basis für den Kontakt zu finden, um Ottla nicht zu verlieren. Dabei bleibt ihm der mögliche Bräutigam seiner Schwester dem Wesen nach jedoch fremd.

Josef David stammt aus einfachen Verhältnissen, sein Vater ist Küster im St.Veitsdom und nebenberuflich Kalligraph. Hochbegabt und ehrgeizig besitzt David den Willen und die Durchsetzungskraft zum gesellschaftlichen Aufstieg; in dieser Hinsicht ist er Hermann Kafka nicht unähnlich. Führte in jüdischen Kreisen der Aufstieg traditionell über eine Geschäftsgründung, so in tschechischen über Bildung, möglichst ein Universitätsstudium. Wie Hermann Kafka wird aber auch Josef David die Enge seiner Herkunft trotz seiner umfassenden Bildung und Intelligenz nie ganz ablegen.

Um dem Druck und den Auseinandersetzungen zu Hause zu entgehen und etwas mehr Ruhe für sich zu haben, mietet sich Ottla im November 1916 ein kleines Häuschen im Alchimistengäßchen auf der Prager Burg, das sie, auf Wohnungssuche mit Franz, zufälligerweise schon im Sommer entdeckt hat. Man kann dort nicht wohnen, aber ruhige Nachmittage verbringen. Vor der Familie wird das »Unternehmen« vorerst geheimgehalten. Als Ottla jedoch bemerkt, daß dem Bruder das Häuschen gefällt und er die Ruhe dort zum Schreiben brauchen könnte, stellt sie ihm die Räume mit der ihr eigenen Bescheidenheit und Großzügigkeit zur Verfügung und freut sich, daß sie ihm damit entgegenkommen kann. Damit nicht genug, kümmert sie sich in der ersten Zeit noch darum, daß Franz es in dem Häuschen wirklich bequem hat, bevor diese Aufgabe dann ihre Freundin Růženka übernimmt. »Mittag komme ich her, mache die Fenster auf, nehme die Asche heraus und heize ein. Heute ist es ganz leicht gegangen. Und dann gehe ich vor das Haus und schaue den Rauch an, wie er ganz richtig aus dem Rauchfang steigt. [...] Ich heize für den Franz, weil er am Nachmittag herkommen will. Gestern war er auch hier, und ich habe ihm das Zimmer sehr gerne für den Sonntag überlassen«[4], schreibt sie an ihren Freund.

Sie selbst hält sich im Häuschen nur dann auf, wenn ihr Bruder es nicht braucht, und geht in ihrer Freizeit lieber spazieren. »Ich war auf dem Weg nach Stern* und gehe jetzt am Rückweg schauen, was mein Häuschen macht. Nur von außen, innen ist

* Stern (Hvězda): sternförmiges Lustschlößchen auf dem Weißen Berg in Prag

mein Bruder und ich denke, es geht ihm dort gut. Deshalb tut es mir nichts, daß ich in den Straßen gehen muß.«[5]

Innerhalb des »heimatlichen Rudels« (Kafka) standen sich Ottla und Franz schon immer recht nah. Die Entfremdung, die sich zwischen ihnen um 1911 ereignete, als sich Ottla in der Auseinandersetzung um Kafkas Mitarbeit in der Fabrik auf die Seite des Vaters stellte, wurde schnell überwunden. »Im übrigen ist meine jüngste Schwester [...] meine beste Prager Freundin und auch die zwei andern sind teilnehmend und gut«[6], schrieb Franz Kafka Felice im November 1912, in den ersten Monaten ihrer Bekanntschaft. Jetzt, nachdem die beiden Schwestern das Elternhaus verlassen hatten und inzwischen ihre eigenen Familien besaßen, kamen sich die beiden Geschwister noch näher. Häufig gingen sie gemeinsam spazieren und unternahmen viele Ausflüge in die Prager Umgebung. In dem schwelenden Konflikt mit dem Vater bedeutete Franz' Beistand und Verständnis für Ottla eine wichtige Rückendeckung; für Kafka erfüllte sich in der Beziehung zur Schwester sein Bedürfnis nach Nähe und einer Vertrautheit, die Verständnis miteinschloß.

»Der gestrige Abend war sehr schön. Bis halb sieben war ich allein in dem Häuschen. Nachher kam Franz, ich brachte Kohle aus dem Keller, er leuchtete mir mit der Lampe hinunter. Ich blieb ein Weilchen mit ihm und hatte ihn so gerne, daß, mit dem Gefühl, ein unbeschreibliches Glück über mich kam. Er mußte dann beim Schließen der Tür den Kopf herausstrecken und den Himmel ansehen, der mit den Sternen über diesem Gäßchen das Beste ist, das ein Mensch sehen kann«[7], schreibt sie an Josef David. »Ottla scheint mir zuzeiten so, wie ich eine Mutter in der Ferne wollte: rein, wahrhaftig, ehrlich, folgerichtig, Demütigkeit und Stolz, Empfänglichkeit und Abgrenzung, Hingabe und Selbständigkeit, Scheu und Mut in untrüglichem Gleichgewicht«, schreibt wiederum Franz an Felice.[8]

Nach wie vor ist Franz für Ottla nicht nur ihr Bruder, sondern auch Lehrer und Mentor. Während sie auf Anregung des anglophilen David eifrig Englisch lernt, liest sie mit ihrem Bruder Platon, Sokrates und Schopenhauer. Franz sucht für sie auch wichtige Bücher aus, etwa die *Memoiren einer Sozialistin* von Lilli Braun, von Tolstoi die *Auferstehung* und den *Morgen des Gutbesitzers*.

Die gute Beziehung zwischen Bruder und Schwester hat ihre Kehrseite in dem sich zuspitzenden Konflikt zwischen Ottla und dem Vater. Im April 1917 faßt Ottla den Entschluß fortzugehen und setzt ihn gegen den Willen der Eltern durch. Nachdem sie zuerst, auch mit Blick auf die Auswanderung nach Palästina, nach Ausbildungsmöglichkeiten in der Landwirtschaft gesucht hatte, übernimmt sie nun die Verwaltung des verwaisten Hofes von Hugo Hermann, dem Bruder ihres Schwagers Karl, im westböhmischen Zürau (Siřem). »Es ist etwas ganz Unrichtiges, sein Leben in der Stadt, im Geschäft zuzubringen.[...] Keinen Augenblick würde ich zu dem Entschluß brauchen, mein ganzes Leben, hier oder anderswo am Land zuzubringen, nie mehr die Stadt zu sehen«, hat sie ein Jahr zuvor aus ihrem Urlaub im Böhmerwald geschrieben.[9] Jetzt steht sie kurz davor, sich ihren Traum zu erfüllen.

Die Arbeit in dem vernachlässigten, hoch verschuldeten Betrieb ist hart, die Beziehungen zur Familie sind beinahe abgebrochen, und Ottla merkt auch bald, daß ihre Kentnisse nicht ausreichen, um den Betrieb zu führen. Unter großer Anstrengung gelingt es ihr aber doch, sich hier eine Lebensbasis zu schaffen. »Ich bin nicht gerade geduldig, aber ich bedauere in keinem Augenblick, daß ich hier bin«[10], schreibt sie ein Jahr später.

Das Zerwürfnis mit dem Elternhaus macht Ottla vielleicht mehr zu schaffen als die alltäglichen Schwierigkeiten auf dem Hof. Sie weiß, wie sehr sie die Eltern verletzt hat und freut sich über jedes Zeichen guten Willens, das sie von zu Hause vernehmen kann. »Mir tat Mutter leid; ich fragte sie dann nachher, warum sie uns gerne hat und mit uns zufrieden ist, wenn Vater so viele Fehler sieht. Sie sprach mit mir schön über Vater, im ganzen war es zu Hause nicht traurig.«[11] »Vater schimpft schon niemals mehr auf mich, vielleicht auch, daß es mir nur so scheint. [...] Mutter schreibt uns schön, sie ist gut und lieb und verdient viel Liebe.«[12]

Wohl zur großen, wenn auch vorsichtigen Freude der Familie beschließen Franz Kafka und Felice Anfang Juli 1917 ihre zweite Verlobung. Die Heirat soll allerdings erst nach dem Ende des Krieges stattfinden. In der Nacht vom 9. auf 10. August wird Franz jedoch in seiner Wohnung im Schönborn-Palais von einem Blutsturz überrascht. »Ich werde nicht mehr gesund werden«[13], vertraut er Felice an, obwohl die Diagnose noch nicht ganz feststeht. Er entscheidet sich für einen Erholungsurlaub bei seiner Schwester in Zürau und bleibt dort mit kurzen Unterbrechungen die nächsten acht Monate – für Ottla wie für Franz wohl die schönsten Monate ihres Lebens. »Mit Ottla lebe ich in kleiner guter Ehe; Ehe nicht auf Grund des üblichen gewaltsamen Stromschlusses, sondern des mit kleinen Windungen geradeaus Hinströmens«[14], schreibt er an Max Brod.

Erstaunlich schnell wird Kafka in Zürau heimisch; der Stadtmensch ist, nicht ohne Hilfe seiner Schwester, zum Landmenschen geworden. »Füttern der Ziegen, von Mäusen durchlochtes Feld, Kartoffelklauben (›Wie der Wind uns in den Arsch bläst‹) Hagebuttenpflücken, Bauer Feigl (7 Mädchen, eine klein, süßer Blick, weißes Kaninchen über der Achsel) [...] Bauer Kunz (mächtig, überlegene Erzählung der Weltgeschichte seiner Wirtschaft, aber freundlich und gut)«[15], notiert Kafka in sein Tagebuch.

Die beiden Geschwister knüpfen auch Kontakte im Dorf,

vermitteln Lebensmittellieferungen für die Familie und Freunde in Prag (werden aber auch ihrerseits von Julie Kafka mit den in Zürau fehlenden Lebensmitteln versorgt) und laden Freunde zu Besuch ein. Abends kommen die Bauern aus dem Ort zum Plausch. Zeitweilig erhält Ottla auch von ihre Cousine Irma Hilfe, der Tochter von Ludwig Kafka aus Prag. Ein friedliches Leben, als gäbe es keinen Krieg. Einmal besucht auch Felice Franz in Zürau. Zwischen Weihnachten und Neujahr treffen sich die beiden dann noch einmal in Prag. Nach außen hin aus gesundheitlichen Gründen wird ihre Verlobung zum zweiten Mal und definitiv aufgelöst. Nachdem er Felice zum Bahnhof gebracht hat, kommt Kafka blaß und erschüttert ins Büro zu Max Brod. »Ist es nicht schrecklich, daß so etwas geschehen muß?« sagt er und weint fassungslos.[16]

Im Frühjahr 1918 muß Kafka wieder seine Stelle in der Versicherungsanstalt antreten und nach Prag zurückkehren. Aber auch Ottla denkt daran, Zürau zu verlassen und eine richtige Ausbildung in der Landwirtschaft zu beginnen. Ihren Plan wird sie allerdings erst im Herbst 1918 verwirklichen können, als der inzwischen aus dem Krieg zurückgekehrte Hugo Hermann seinen Hof wieder übernimmt. Dann entscheidet sie sich für die Teilnahme an einem Weiterbildungskurs der Landwirtschaftlichen Winterschule in Friedland im Isergebirge.

Inzwischen ist auch Josef David aus dem Militär entlassen worden, und Ottla sieht sich gezwungen, den Eltern die bislang vor ihnen geheimgehaltene Beziehung zu offenbaren. Natürlich ist die Verbindung mit einem nichtjüdischen Tschechen aus völlig anderen Verhältnissen nicht das, was sich Ottlas Eltern für ihre jüngste Tochter wünschen. Und so steht eine neue Auseinandersetzung ins Haus. Ende November laden Julie und Hermann Kafka Josef David ein. »Er hat auf uns den besten Eindruck gemacht«, schreibt Julie Kafka an Ottla, »jedoch kann ich nicht leugnen, daß er uns sehr fremd vorgekom-

Franz und Ottla vor ihrem Zürauer Domizil

men ist und man sich erst an seinen Verkehr gewöhnen muß. Er ist sicher ein sehr braver und intelligenter Mensch, jedoch hat der Vater verschiedene Bedenken, erstens [das] kleine Gehalt, dann die Religion, nun hoffentlich wird alles gut werden. Wir wollen ja nichts Anderes, als Dich glücklich sehen.«[17] In einem anderen Brief erklärt dann die Mutter, was sie unter dem Verkehr, an den man sich gewöhnen muß, eigentlich meint: »Ich, so auch der Vater haben Sympathien für ihn; wenn er nur ein bißchen deutsch sprechen wollte; er spricht aber kein Wort und obzwar wir böhmisch ziemlich gut sprechen, strengt es uns doch nur an, wenn man den ganzen Abend gezwungen ist, tschechisch zu sprechen. Vielleicht machst Du ihn darauf aufmerksam.«[18] Julie und Hermann strengt freilich nicht das Tschechische selbst so an, sondern das starre Ausharren in einer Sprache, im Unterschied zum eigenen Sprachgebrauch bei sich zu Hause, wo man zwischen den Sprachen abwechselte, fließend aus einer Sprache in die andere überging, deutsch auf tschechische Fragen antwortete und umgekehrt, ohne die Sprachen allerdings innerhalb eines Satzes zu mischen. Oft wußte man nach einer Unterhaltung nicht, in welcher Sprache man sie eigentlich geführt hatte. Nicht zuletzt wählte man immer die Sprache auch danach, in welcher man das eine oder das andere treffender ausdrücken konnte. Der tschechische Sprachpurist David hingegen verabscheute zutiefst diese souveräne Art des Sprachgebrauchs, in dem nicht zuletzt auch eine Gelassenheit gegenüber dem Nationalismus zum Ausdruck kam.

Während der Weihnachtsferien beginnt Ottla sich nach einer Stelle in der Landwirtschaft umzuschauen und muß feststellen, daß dies gar nicht so einfach ist. Neben dem Mangel an Stellen in der noch nicht stabilisierten Situation nach dem Zusammenbruch der Monarchie und der Entstehung der Tschechoslowakischen Republik spielt dabei sehr wahrscheinlich auch Ottlas Geschlecht eine Rolle. Einer so jungen Frau einen landwirtschaftlichen Betrieb überlassen? »Eine Stelle habe ich vorläufig nicht, auch nicht viel Hoffnung darauf, aber auch das wird gut ausfallen«[19], schreibt Ottla im März 1919, kurz vor ihren Abschlußprüfungen in Friedland. So kommt die Familie, eigentlich die Mutter, mit dem Vorschlag, für Ottla und ihren zukünftigen Mann ein Gut im Böhmerwald zu erwerben und auf diese Art und Weise die Existenz des zukünftigen Paares zu sichern.

Bevor diese Idee jedoch ausreifen kann, bricht zwischen Ottla und der Familie ein neuer Streit aus. »Ich bin ihretwegen traurig, weil ich nicht genug gut zu ihnen war. Natürlich, vielleicht ging es gar nicht anders, aber hier möchte ich es gern

Josef David und Ottla, um 1920

gut machen und das geht erst recht nicht«[20], schreibt sie Josef David, der gerade dabei ist, sein Jurastudium mit dem Doktorgrad abzuschließen.

Ende März 1919 hat auch Ottla ihre Abschlußprüfungen abgelegt und kehrt nach Prag in die elterliche Wohnung und ihr altes Zimmer zurück. Das Häuschen auf der Burg, das ihr und dem Bruder so viele ruhige und glückliche Stunden bescherte, hat sie schon seit August 1918 nicht mehr, und so muß sie wohl manche schwere Stunde zu Hause aushalten. Auch Franz wohnt wieder bei den Eltern, wenn er nicht gerade zu Kur ist. Im November 1919 wird er in der Pension Stüdl in Bad Schelesen (Želízy) den »Brief an den Vater« schreiben – seine innere Biographie und Ausdruck der subjektiven Wahrheit, die mit der gelebten Wirklichkeit nicht immer gleichzusetzen ist.

Als 1920 einige Mitglieder des »Klubs jüdischer Frauen und Mädchen« nach Palästina auswandern, ist Ottla nicht unter ihnen. Am 15. Juli 1920 heiratet sie Josef David. Wie bei den

Schwestern wird sich auch in ihrer Ehe das Grundmuster der Ehe ihrer Eltern wiederholen: Auch Josef David ist ein autoritärer, zu Zornausbrüchen neigender Mann. Den angesichts von Ottlas Freiheitsstreben doch etwas überraschenden Schritt kann vielleicht eine Stelle aus einem früheren Brief an Josef David erklären: »Wenn wir jemanden gern haben und wenn es eine Freundschaft ist, wissen wir, warum er uns teuer ist, er hat Eigenschaften, die uns gefallen und die wir schätzen, und wir trachten so viel wie möglich bei ihm zu sein. Wenn es aber eine andere Liebe ist, nicht nur eine freundschaftliche, dann kann es leicht geschehen, daß wir gar nicht wissen, warum er uns lieb ist, daß das Verhältnis nicht durch Freundschaftsbeweise aufrechterhalten wird, sondern das alles kommt, wir wissen gar nicht wie.«[21] Ehen haben ihre Geheimnisse.

»So geht Einer nach dem Anderen...«

Den Krieg hatte die Familie Kafka ohne Verluste im engeren Familienkreis überstanden. Die beiden Schwiegersöhne Karl Hermann und Josef Pollak kehrten im Herbst 1919 in das Zivilleben zurück, etwas später wurde auch Ottlas zukünftiger Mann Josef David demobilisiert. Aber schon Karl Hermanns Schwester Wilma hatte weniger Glück. Ihr Mann, Max Trauer, erlag am Ende des Krieges seinen Verletzungen und ließ sie allein mit der fünfjährigen Tochter Mathilde zurück. Später, zu Beginn der zwanziger Jahre, heiratete Wilma Trauer den Kompagnon von Karl Hermann, Max Sladký.

Die Spanische Grippe, die nach dem Krieg noch zwanzig Millionen Menschen das Leben kostete, hat aber auch die Familie Kafka nicht verschont. Irma, die Tochter von Ludwig, dem jüngsten Bruders Hermann Kafkas, gehörte zu ihren

Opfern. Sie war mit Ottla eng befreundet gewesen und hatte im Geschäft ihres Onkel gearbeitet (und unter seiner Herrschsucht gelitten). Auch Franz Kafka erkrankte im November 1918 an der gefährlichen Seuche – »die Mutter weinte den ganzen Tag«[1], schrieb Ottla an Josef David; seine Kondition war jedoch stärker als die Krankheit – ein Zeichen dafür, daß seine Tuberkulose sich damals noch nicht in einem sehr fortgeschrittenen Stadium befand.

Die Sehnsucht nach dem Ende des Krieges verband sich mit der Erwartung, daß alles wieder so sein würde wie vorher. Als nach vier Jahren das Ende kam, war aber nichts mehr wie vorher. Es brachte nicht nur die Niederlage Österreichs, sondern auch den Zusammenbruch des Vielvölkerstaates, dessen Territorium sich in eine Reihe von Nachfolgestaaten auflöste. Einer dieser neuen Staaten war auch die Tschechoslowakische Republik in den historischen Grenzen des Königreiches Böhmen, dem sich das sogenannte »Oberungarn«, die Slowakei, anschloß, und zu dem noch Ruthenien, die Karpathoukraine, hinzukam. Nach dreihundert Jahren unter den Habsburgern hatten die Tschechen wieder ihren eigenen Staat, allerdings mit gut einem Drittel deutscher Bevölkerung, die in ihrer Mehrheit – wenigstens in der Anfangsphase – den neuen Staat ablehnte und sich damit abzufinden hatte, von einer privilegierten staatstragenden Schicht in der Monarchie zu einer Minderheit zu werden. Die alten Probleme des Zusammenlebens in einem Nationalitätenstaat wurden wieder virulent, zumal sich die nationalen Spannungen zwischen den Deutschösterreichern und den Tschechen während des Krieges noch weiter verschärft hatten. Die Juden befanden sich, wie so oft, zwischen allen Stühlen, was sie zum Blitzableiter allerlei Unmuts geradezu prädestinierte.

Drei Beispiele aus der nächsten Umgebung der Familie Kafka zeigen in anekdotischer Verkürzung, wie verworren die

Situation im Umbruchsjahr 1918 war. Während Franz Kafkas deutschnationaler Cousin Bruno noch im März 1918, als der Krieg schon so gut wie verloren war, öffentlich gegen die Aufführung von Janáčeks *Jenufa* in der Wiener Hofoper protestierte, weil er dadurch den »deutschen Charakter der Reichshauptstadt bedroht sah«[2], hatte ein anderer Prager Jude, Kafkas Freund Max Brod, die Übersetzung des Librettos ins Deutsche besorgt und damit zum Durchbruch des Werkes maßgeblich beigetragen. Der Bruder von Kafkas Schwager Josef Pollak, Bohumil, lehnte es wiederum als tschechischer Patriot schon 1914 ab, für die Monarchie zu kämpfen, während die meisten ebenfalls national gesinnten Tschechen zwar ungern, aber immerhin brav einrückten.

Die Umbruchszeit war wie immer auch die Stunde des Pöbels. Bereits im letzten Kriegsjahr hatten die Hungerdemonstrationen oft in Plünderungen der Lebensmittelgeschäfte geendet. In den ersten Monaten der Existenz der Tschechoslowakei schaukelten sich die Wogen des nationalen Unmuts gegenseitig hoch und arteten immer wieder in Ausschreitungen gegen jüdische Geschäfte aus. Da sich der größte Teil des Handels in jüdischer Hand befand und die in ihrer Mehrheit österreichtreuen Juden zum deutschen Bevölkerungsteil gerechnet wurden, war es für die »Volksseele« naheliegend, die Juden für allerlei Mißstände haftbar zu machen. Bei den Unruhen im Mai 1919 drang eine aufgebrachte Menge auch in das Geschäft von Hermann Kafka im Kinský-Palais ein, das allerdings schon im Sommer 1918 von Bedřich Löwy übernommen worden war, und erzwang den Verkauf der Ware unter dem Einkaufspreis. In Erwartung von Unruhen und Pogromen wanderten in diesen unruhigen Zeiten etwa viertausend Juden nach Palästina aus, darunter auch der Philosoph Hugo Bergmann, ein Mitschüler Kafkas auf dem Altstädter Gymnasium. Fasziniert vom »einfachen Leben« jenseits intellektueller Prätentionen erwog auch Franz Kafka noch 1923 die Auswanderung nach Palästina.

Nachdem im Herbst 1920 die Wellen der nationalen Unruhen noch einmal hochgeschlagen waren – »die ganzen Nachmittage bin ich jetzt auf den Gassen und bade in dem Judenhaß«[3], berichtete Franz Kafka nicht ohne eine Spur von Masochismus Milena Jesenská nach Wien – hatte sich die Situation aber definitiv normalisiert. Die von der tschechoslowakischen Verfassung eröffnete Möglichkeit, sich zur jüdischen Nationalität zu bekennen, trug zur Neutralisierung des »jüdischen Problems« im neuen Staat bei. Etwa 57 Prozent der Juden in der Vorkriegstschechoslowakei haben diese Möglichkeit gewählt.

Mit dem Erlös aus dem Verkauf seines Geschäftes kaufte Hermann Kafka das große, um die Jahrhundertwende erbaute Mietshaus in der Bílekgasse 4 und vermachte es seinen drei Töchtern. Nach und nach wurde das Haus zu einem richtigen Hauptquartier der Familie Kafka und ihren Anverwandten.

Als erste zog wohl Elli mit ihrer Familie in das Haus. Karl Hermann betrieb in dieser Zeit zusammen mit seinem Kompagnon Max Sladký einen Handel mit Steinmaterial für Betonwerke zur Herstellung von Kunststein und stellte außerdem Schreibtischgarnituren aus Marmor her. Der Steinbruch, in dem es auch ein kleines Marmorvorkommen gab, und die Steinmühlen befanden sich in Hrubčice in Mähren, das Büro in Prag in der Bílekgasse 4. Die Geschäfte gingen gut, und die beiden Kompagnons konnten sich Autos leisten; wie es dem Naturell von Karl Hermann entsprach, lebten die Hermanns etwas über ihre Verhältnisse. Gleich nach dem Krieg im Jahre 1919 bekamen sie noch Familienzuwachs: Die Tochter Hanna wurde geboren, ein schönes Mädchen mit einem dunklen Teint, wie ihn auch die beiden älteren Kinder Felix und Gerti, zu deren großem Leidwesen, besaßen.

Unter den sieben Enkelkindern von Hermann und Julie Kafka bleibt Felix der einzige Junge. Zu den beiden Töchtern von Elli und den beiden von Valli kommen in den Jahren 1921 und 1923 noch die Mädchen von Ottla, Věra und Helena, hinzu. Mit großem Interesse und liebevoller Aufmerksamkeit verfolgt Kafka die Entwicklung der nächsten Generation der Familie und bleibt auch jetzt der Mentor und Berater seiner Schwestern in erzieherischen Fragen. So versucht er 1921 Elli dazu zu bewegen, den zehnjährigen Felix und später auch Gerti auf die Internatsschule am Institut von Emile Jacques Dalcroze nach Hellerau bei Dresden zu schicken, wo neue pädagogische Konzepte mit dem Schwerpunkt auf einer ästhetischen Erziehung erprobt werden. Das Zögern der Schwester, den kleinen Sohn wegzugeben – wenn sie auch aus der gemeinsamen Kindheitserfahrung der häuslichen Enge heraus das Anliegen des Bruders gut nachvollziehen kann –, veranlassen Kafka im Herbst 1921 zu mit großem Nachdruck und Überzeugungskraft geschriebenen Briefen, in denen er immer wieder die Eignung der Eltern für die Erziehung ihrer Kinder in Frage stellt. An einigen Stellen öffnen sie auch den Blick für Ellis innere Situation, ihre Ohnmacht, ihre Zerrissenheit zwischen bürgerlicher Anpassung und der Sehnsucht nach einem anderen Leben und ihre große Empfindsamkeit:

> Liebe Elli, nein, Energie ist das nicht, laß Dich dadurch weder erschrecken (so als ob ich Dir durch Energie etwas gegen Deinen Willen abzwingen könnte), noch ermutigen (so als ob ich den Dir fehlenden Willen, Felix wegzuschicken, den Willen, den Du gern hättest und der Dir fehlt, als ob ich durch Energie diesen Willen ersetzen könnte), es ist keine Energie, höchstens Energie in Worten und auch diese wird aufhören, hört sogar schon auf, Energie ist es nicht, eher ist es das, was Du erstaunlich gut fühlst, aber

> unrichtig deutest, wenn Du schreibst, daß auch Du aus »unserem Milieu« heraus willst und deshalb (deshalb!) Felix nicht wegschicken kannst. Du willst aus unserem Milieu hinaus und dies mit Hilfe des Felix, beides ist gut und möglich, Kinder sind zur Rettung der Eltern da, theoretisch verstehe ich gar nicht, wie es Menschen ohne Kinder geben kann, aber wie willst Du dieses »Hinauskommen« erreichen? Eben durch eine typische Tat gerade dieses Milieus, durch Geiz (ich gebe ihn nicht fort!), durch Verzweiflung (was wäre ich ohne ihn!), durch Hoffnungslosigkeit (er wird nicht mehr mein Sohn sein!), durch Sich-selbst-Belügen, durch Scheingründe, durch Verschönerung der Schwäche, durch Verschönerung des »Milieus« (»Leben erträglich machen«, »Verantwortung tragen«, »selbst aus der Entferung kann das Beispiel solcher Mütter« u.s.f.) Das alles täte ich an Deiner Stelle natürlich auch und noch viel »großartiger«.[4]

Aus einem anderen Brief wird ersichtlich, daß die »Poriasschen Anteile« auch bei Elli vorhanden waren:

> Du gibst selbst zu, daß bei Deinem Zögern Eigennutz mitwirkt. Ist aber dieser Eigennutz nicht sogar als Eigennutz etwas verkehrt? Wenn Du z.B. die Wintersachen über den Sommer nicht zum Kürschner geben willst, weil Deinem Gefühl nach die Sachen, wenn Du sie im Herbst zurückbekommst, Dir innerlich fremd wären, und wenn Du daher die Sachen selbst aufbewahrst, so werden sie Dir allerdings im Herbst vollständig, innerlich und äußerlich gehören, werden aber von Motten zerfressen sein. (Das ist keine Bosheit, wirklich nicht, nur ein Beispiel, ein naheliegendes.)[5]

Etwas später fahren Elli und Karl Hermann nach Hellerau, um sich die Schule anzuschauen, sind von ihr aber nicht ganz überzeugt, und Elli kann sich letztlich auch nicht dazu durchringen, sich so früh von ihren Kindern zu trennen. (Von den heutigen psychologischen Erkenntnissen her gesehen, muß man ihr eigentlich recht geben.) Felix und Gerti besuchen also die normalen Schulen in Prag, Felix später eine deutsche Handelsschule, Gerti ein deutsches Gymnasium. Die Familie Hermann bleibt überwiegend deutschsprachig, nur Hanna wird später genauso wie ihre Cousine Lotte die 1920 gegründete jüdische Schule in der Joachimsgasse (Jáchymova) besuchen.* Pollaks hingegen schicken ihre älteste Tochter – zum Zeitpunkt ihrer Einschulung existiert die jüdische Schule noch nicht – gleich auf eine tschechische Schule. Marianne Pollak wird auch ein tschechisches Gymnasium absolvieren und später an der Karlsuniversität Kunstgeschichte studieren. Durch den Schulbesuch der Kinder wird in der Familie Pollak mit den Jahren die tschechische Sprache im häuslichen Umgang die Oberhand über die deutsche gewinnen. Daß Ottlas Kinder tschechische Schulen besuchen, ist bei der nationalen Gesinnung ihres Vaters selbstverständlich. In den beiden Generationen der Familie Kafka hat sich die Sprachorientierung insgesamt zweimal geändert; in den achtziger und neunziger Jahren des 19. Jahrhunderts gewann zuerst das Deutsche die Oberhand, in den zwanziger Jahren dann das Tschechische. Der tschechische Charakter des neuen Staates trug zu dieser sprachlichen Umorientierung sicherlich bei.

Die kulturelle Aufbruchstimmung in der tschechoslowakischen Gesellschaft der zwanziger Jahre blieb nicht ohne Einfluß auf die Bildungschancen der Mädchen. Die sechs Enkelinnen von Julie Kafka erhielten alle eine höhere Schulbildung bis hin zum Universitätsabschluß. Sicher täuscht der Eindruck nicht, daß die Mütter diesen Höhenflug ihrer Töchter still aus

* In dem Schulgebäude befindet sich heute das Jüdische Museum.

dem Hintergrund unterstützten und förderten, wohl wissend, was ihnen selbst entgangen war.

Franz Kafka, der engagierte Onkel, führt zu Beginn der zwanziger Jahre ein Leben zwischen Gesundheit und Krankheit. Aufenthalte an verschiedenen Kurorten wechseln mit Perioden der Arbeit an seinem Schreibtisch in der Unfallversicherung ab. In Phasen akuter Krankheit wird er sogar zweimal befördert, 1920 zum Anstaltssekretär, 1922 zum Obersekretär, bevor er endlich zum 1. Juli 1922 pensioniert wird, worum er sich seit dem Ausbruch seiner Krankheit bemühte. Wenn er sich in Prag aufhält, lebt er nach wie vor bei seinen Eltern auf dem Altstädter Ring im früheren Zimmer von Ottla.

Auch Ottla wohnt nach ihrer Verheiratung im gleichen Haus wie ihre Eltern, bevor sie im August 1926 in das »Familienhaus« in der Bílekgasse 4 zieht. Ähnlich wie Ottla für Franz in der Zeit des Häuschens in der Alchimistengasse sorgte, erledigt sie jetzt für ihn während seiner Kuraufenthalte viele Amtsgänge und erwirkt in der Anstalt mehrmals die Verlängerung seiner Beurlaubung.

Die Tuberkulose galt in dieser Zeit als eine tückische Krankheit, gegen die es kaum wirksame Heilmittel gab – vieles wurde jedoch ausprobiert. Das bewährteste Mittel war gute proteinhaltige und kalziumreiche Ernährung kombiniert mit Aufenthalten im Hochgebirge oder trockenen südlichen Regionen. Dann bestanden durchaus Chancen auf Heilung, vorausgesetzt, daß der Patienten den Willen zur Genesung und die finanziellen Mittel hatte, um die Sanatoriumsaufenthalte zu ermöglichen. Sowohl bei dem österreichischen Thronfolger Ferdinand d'Este als auch bei Katja Mann, einer weiteren prominenten Patientin aus den ersten zwei Jahrzehnten dieses Jahrhunderts, waren diese beiden Voraussetzungen erfüllt, und beide konnten auch geheilt werden.

Bei Franz Kafka hingegen sind sie nur zur Hälfte erfüllt. Die

Krankheit ist für ihn der Ausdruck einer schweren Lebenskrise, und in diesem Sinne hat er eine sehr ambivalente Beziehung zu ihr. »...und wenn er sie auch heilte, so nährte er sie doch bewußt und förderte sie in Gedanken«, wird Milena Jesenská in ihrem Nachruf schreiben.* Denn in seiner Unfähigkeit, mit dem Leben fertig zu werden, liegt für ihn auch die Quelle seiner schöpferischen Kraft und Sensibilität.

Dieser Ambivalenz entsprechend, läßt auch die Therapie jegliche Konsequenz und einen systematischen Einsatz der möglichen Heilmittel vermissen, was schwer zu erklären ist, wenn man bedenkt, wie peinlich genau etwa die Mutter auf die Gesundheit ihres Sohnes in den Zeiten geachtet hatte, als er unter kleinen gesundheitlichen Verstimmungen litt, und wie Franz in der Familie überhaupt verwöhnt wurde. Zweifellos verfügte die Familie Kafka nicht über uneingeschränkte finanzielle Mittel, um die teuersten Sanatorien in der Schweiz bezahlen zu können, und auch die Zeit der Not unmittelbar nach dem Ende des Krieges erhöhte nicht gerade die Chance auf Heilung. Sicherlich nahm auch Kafka selbst die Krankheit zuerst nicht ernst genug. Nach dem Schock des Blutsturzes geschieht nicht viel, man hustet vielleicht etwas, hat ab und zu Fieber, sieht aber nach wie vor ganz gut aus. In der Lunge setzt sich aber der Krankheitsprozeß unbarmherzig fort.

Kafka ist zu Beginn der zwanziger Jahre zwar noch kein bekannter Autor gewesen, war in der zeitgenössischen deutschen Literaturszene aber immerhin schon zum Geheimtip avanciert. Auf dem Buchmarkt liegen inzwischen sechs Werke von ihm vor: *Betrachtung*, *Der Heizer*, *Die Verwandlung*, *Das Urteil*, *In der Strafkolonie* und *Der Landarzt.* Und sie werden auch gelesen, wenn auch die Reaktionen der Leser manchmal

*Diese Formulierung in Jesenskás Nachruf (*Národní listy* vom 6.6.1924, S. 5) bezieht sich auf eine Stelle in einem Brief Kafkas aus dem April 1920 (Kafka, Franz: *Briefe an Milena*, Frankfurt am Main 1983, S. 7).

recht skurrile Blüten treiben, die sich wie eine Parodie aus Kafkas eigener Feder ausnehmen, wie der folgende Brief an den Schriftsteller aus dem Jahre 1917:

> Sehr geehrter Herr,
> Sie haben mich unglücklich gemacht.
> Ich habe Ihre Verwandlung gekauft und meiner Kusine geschenkt. Die weiß sich die Geschichte aber nicht zu erklären.
> Meine Kusine hats ihrer Mutter gegeben, die weiß auch keine Erklärung.
> Die Mutter hat das Buch meiner anderen Kusine gegeben und die hat auch keine Erklärung.
> Nun haben sie an mich geschrieben. Ich soll ihnen die Geschichte erklären. Weil ich der Doctor der Familie wäre. Aber ich bin ratlos.
> Herr! Ich habe Monate hindurch im Schützengraben mich mit den Russen herumgehauen und nicht mit der Wimper gezuckt. Wenn aber mein Renommee bei meinen Kusinen zum Teufel ginge, das ertrüg ich nicht.
> Nur Sie können mir helfen. Sie müssen es; denn Sie haben mir die Suppe eingebrockt. Also bitte, sagen Sie mir, was meine Kusine sich bei der Verwandlung zu denken hat.
> Mit vorzüglicher Hochachtung ergebenst Dr. Siegfried Wolff.[6]

Während seines Kuraufenthaltes im Frühjahr 1920 in Meran bittet die junge tschechische Journalistin Milena Jesenská Franz Kafka um die Erlaubnis, seine Erzählung »Der Heizer« ins Tschechische übersetzen zu dürfen. Zwischen dem kranken Schriftsteller in Meran und der jungen Frau, die damals in einer unglücklichen Ehe mit dem Prager Literaten und Bankangestellten Ernst Pollak in Wien lebt und nach Verdienstmöglichkeiten sucht, entwickelt sich eine intensive Korrespondenz, eine geschriebene Liebesleidenschaft (»geschriebene Küsse«), der sowohl die Ruhe, die Kafka in Meran genießt, von Franz Kafka als auch das Gefühl des Verlassenseins bei Milena Jesenská förderlich sind. Diesmal ist es die Frau, die nach drei glücklichen Tagen in Wien dem Mann nicht folgen kann, weil sie mit ihrer Ehe noch nicht fertig ist, und sie weckt dadurch in ihm die alten Zweifel und Beziehungsängste. Dabei ist Milena Jesenská nicht nur eine moderne und emanzipierte, aus dem eigenen Recht lebende Frau, was gewissermaßen auch schon auf Felice zutraf. Sie gehört darüber hinaus zum gleichen ›Lager‹ wie er, dem Lager der Suchenden, Zweifelnden und Ungeschützten. Nur machen ihr – im Unterschied zu Franz Kafka – Spontaneität und bedingungslose Liebe zum Leben ohne Anspruch auf dessen Vollkommenheit das Existieren möglich. Zwanzig Jahre nach Franz Kafka wird allerdings auch sie sterben müssen, zwar nicht an innerer Zerrissenheit, aber doch am Zustand der Welt – im Frauenkonzentrationslager Ravensbrück. Obwohl die Beziehung zwischen Milena Jesenská und Franz Kafka an der Unmöglichkeit ihrer Verwirklichung scheitert, bleibt das Vertrauen zwischen ihnen auch weiterhin bestehen, wie auch eine lose freundschaftliche Verbindung. Milena Jesenská wird Franz Kafka auch seine Tagebücher anvertrauen.

Die Begegnung mit Milena Jesenská bedeutet für Kafka zwar einen schöpferischen Schub – er beginnt den Roman *Das Schloß* zu schreiben –, sein Gesundheitszustand bessert sich allerdings keineswegs. Matliary in der Slowakei, Spindelmühle im Riesengebirge, Planá nad Lužnicí in Südböhmen, Dobřichovice und immer wieder die Pension Stüdl in Želízy (Schelesen) sind die Orte, an welchen Kafka in den Jahren 1921 bis 1923 Erholung und Genesung sucht – vergeblich.

Mit Sorge und Hoffnung zugleich verfolgt die Familie Franz' Krankheit. Im Sommer 1922 wird auch Hermann Kaf-

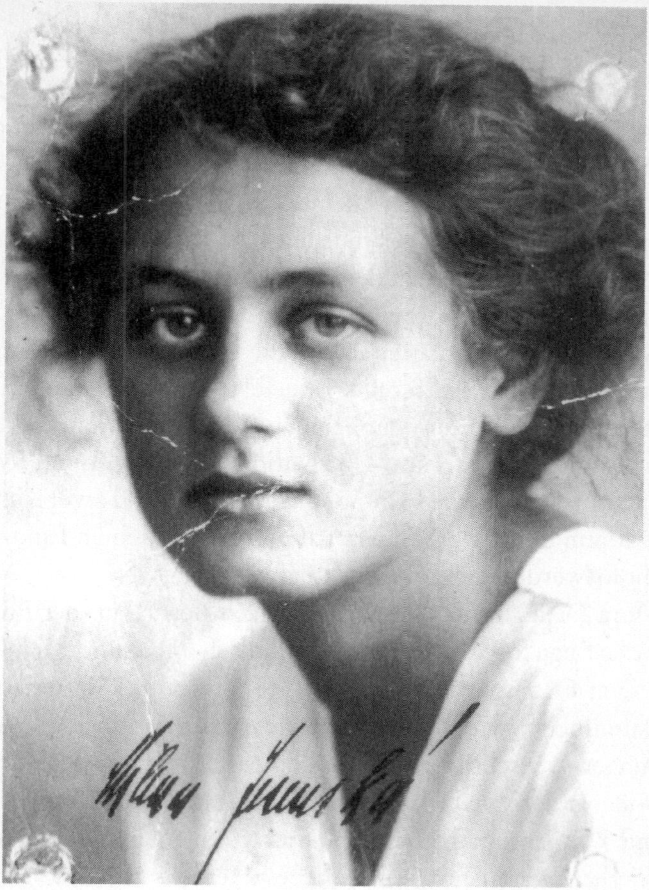

Milena Jesenská um 1920

ka schwer krank und muß operiert werden. Felice Bauer, die eine gewisse Zeit in Briefkontakt mit Ottla blieb, ist inzwischen zu Kafkas großer Erleichterung mit dem Berliner Bankier Marasse glücklich verheiratet und bereits Mutter von zwei Kindern.

Anfang Juli 1923 fährt Franz Kafka mit seiner Schwester Elli und ihren Kindern Felix und Gerti – die vierjährige Hanna ließ man noch zu Hause – in das Ostseebad Müritz. Wie er Hugo Bergmann, der im Frühjahr 1923 Prag besuchte, berichtet, will er mit dieser Reise seine Transportfähigkeit überprüfen. Seinen Plan nach Palästina auszuwandern hat Kafka auch zu diesem Zeitpunkt noch nicht aufgegeben. Neben der Pension »Glückauf«, wo Kafka mit seiner Schwester wohnt, befindet sich die Ferienkolonie des jüdischen Volksheims in Berlin. Es ist dasselbe Volksheim, in dem Felice auf Kafkas Anregung hin in ihrer freien Zeit gearbeitet hat.

Mit Freude beobachtet Kafka die Spiele der ostjüdischen Kinder in der Ferienkolonie. Er selbst wird von einer Mitarbeiterin im Heim, der neunzehnjährigen Dora Diamant (Dymant), mit Interesse und Faszination verfolgt: »Eines Tages sah ich am Strand eine Familie spielen, Eltern und zwei Kinder. Der Mann fiel mir besonders auf, ich konnte seinen Eindruck nicht loswerden.«[7]

Dora Diamant kam aus Brzezin nach Berlin, auf der Flucht aus der Enge ihrer orthodoxen ostjüdischen Familie. »Ich kam aus dem Osten, als ein dunkles Geschöpf voller Träume und Vorahnungen, wie aus einem Roman von Dostojewski entsprungen«, beschrieb sie sich selbst. »Ich war aus dem Osten davongelaufen, weil ich glaubte, daß das Licht aus dem Westen käme. [...] Europa hatte meine Erwartungen enttäuscht, seine Menschen waren im Grunde ihres Herzens ruhelos. Irgend etwas fehlte ihnen. Im Osten wußte man um den Menschen, vielleicht konnte man sich dort nicht so frei in der Gesellschaft bewegen und wußte sich nicht so leicht auszudrücken aber man wußte um die Einheit von Mensch und Schöpfung.«[8] Es war gerade diese Einheit, die Kafka bei Dora Diamant fand.

Nach ihrer ersten Begegnung bei der Freitag-Feier vor dem Sabbat wird Dora Diamant und Franz Kafka schnell bewußt, daß sie einander brauchen. »Als ich Kafka zum erstenmal sah, erfüllte sein Bild sofort meine Vorstellung vom Menschen.

Dora Diamant

Aber auch Kafka wandte sich mir aufmerksam zu, als ob er etwas von mir erwartete.«[9] Als Kafka am 6. August Müritz in Richtung Berlin verläßt – seine Schwester Elli wird mit den Kindern von ihrem Mann abgeholt –, hat er den Entschluß, nach Berlin zu ziehen und mit Dora zusammenzuleben, schon halb gefaßt.

Während des Aufenthaltes mit Ottla in Schelesen wird der Plan wohl besprochen, und auch diesmal erfährt Kafka von Ottla Unterstützung. Am 21. September kehrt Kafka aus Schelesen zurück, am 24. September morgens verläßt er Prag in Richtung Berlin, »vom Fräulein getröstet, von Pepa geängstigt, vom Vater liebend gezankt, von der Mutter traurig angeschaut«[10]. Vor zehn Jahren, im Juli 1914, hatte er zum ersten Mal den Eltern über seine Absicht geschrieben, nach Berlin oder München umzuziehen. Jetzt, unter ganz anderen Umständen, verwirklicht er seinen Plan.

Mit Dora Diamant bezieht Kafka zuerst ein Zimmer in Steglitz, später ziehen sie noch zweimal um. Das Zusammenleben mit einem anderen Menschen in einem, später in zwei Zimmern erscheint ihm jetzt als das Selbstverständlichste der Welt. Allerdings ist Berlin für einen an Tuberkulose erkrankten Menschen der denkbar ungeeignetste Aufenthaltsort; die Not der Inflationszeit und der außerordentlich harte Winter kommen noch erschwerend hinzu. In diesem Sinne hat sich Franz Kafka wohl in den zufriedensten Monaten seines Lebens, gewissermaßen am Ziel angelangt, den Tod geholt.

Die Kafkasche Dialektik funktionierte sicher und unwiderruflich, und Dora war wohl viel zu jung und unerfahren, um rechtzeitig die Gefahr zu erkennen. Von Prag aus wird der kleine Berliner Haushalt zwar mit Lebensmittelpaketen versorgt, aber die übrigen Lebensbedingungen sind einer Besserung von Kafkas Gesundheitszustand mehr als abträglich.

Im März 1924 ist es schließlich soweit. Onkel Siegfried, der nach seiner Pensionierung einige Zeit im Mansardenzimmer bei seiner Schwester wohnt, besucht seinen Neffen in Berlin und schlägt, entsetzt über sein schlechtes Aussehen, Alarm. Es gelingt ihm, Kafka zu überreden, ein Sanatorium aufzusuchen. Drei Wochen muß Franz wieder in Prag verbringen, bis ein Platz im Sanatorium Wiener Wald gefunden wird. Kafka erlebt diese Zeit als seine Niederlage. Noch bevor er in das Sanatorium gebracht wird, bricht bei ihm die Kehlkopftuberkulose, das letzte Stadium der Krankheit, auf. Ob sich die Familie jetzt der Aussichtslosigkeit der Situation bewußt wird? Nie war Kafkas Wille zum Leben so stark wie in den letzten Monaten seines Lebens, als keine Hoffnung auf Heilung mehr bestand.

In articulo mortis, in den letzten Wochen seines Lebens im Sanatorium Dr. Hoffmann in Kierling bei Klosterneuburg, schreibt Kafka, von Dora immer mehr unterstützt, an die Eltern Briefe voller Liebe und Zuneigung, als möchte er ihnen

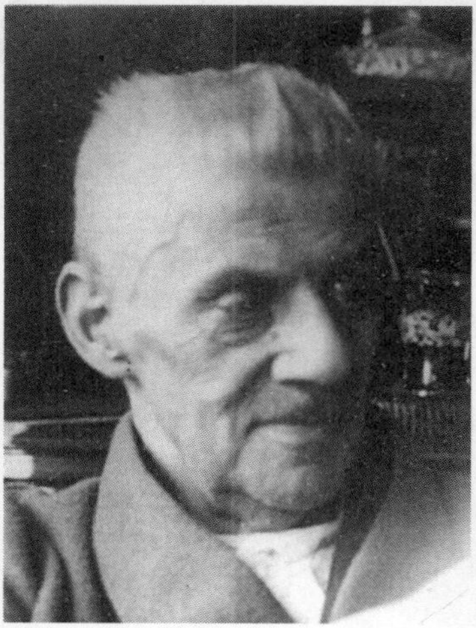

Hermann und Franz Kafka: letzte Bilder

den bevorstehenden Verlust leichter machen. Auch die bedrückenden Erlebnisse in der Civilschwimmschule – »Ich mager, schwach, schmal, Du stark, groß, breit. Schon in der Kabine kam ich mir jämmerlich vor, und zwar nicht nur vor Dir, sondern vor der ganzen Welt, denn Du warst für mich das Maß aller Dinge«[11] – werden jetzt aus einer anderen Perspektive gesehen, ohne daß die vorherige dadurch ungültig wird: »Als kleiner Junge, als ich noch nicht schwimmen konnte, ging ich manchmal mit dem Vater, der auch nicht schwimmen kann, in die Nichtschwimmerabteilung. Dann saßen wir nackt beim Buffet, jeder mit einer Wurst und einem halben Liter Bier zusammen ...«[12]

Es kommen noch Besucher nach Kierling: Max Brod, Ottla, Karl Hermann, möglicherweise auch Milena Jesenská.

Am 3. Juni 1924 ist der Tod, unerwartet wie immer, plötzlich da. »Geh Elli, nicht so nahe, nicht so nahe«, werden Kafkas letzte Worte zu Robert Klopstock sein, den er mit seiner Schwester Elli verwechselt, mit der er in dem »Vergessendunkel« (Hildegard von Bingen) der Kindheit wohl am stärksten verbunden war.

»Der Tod ihres Bruders war der erste schwere Schlag, den das Leben den drei Schwestern versetzte. Die Zeit verwischte etwas sein Antlitz, aber nie ihre Liebe und Verehrung für ihn.«[13]

Am 11. Juni 1924 findet auf dem Jüdischen Friedhof in Strašnice die Beerdigung statt. Als Dora Diamant am Grab zusammenbricht, soll sich Hermann Kafka fast störrisch zum Weggehen umgedreht haben. Aus seiner Sicht hat die junge Frau am Grab, wenn es ihr jetzt auch nicht bewußt sein mag, trotz ihrer Trauer und Verzweiflung noch ein Leben vor sich, er aber hat unwiderbringlich alles verloren.

Mit Kafkas Tod verliert die Familie ihren wichtigsten Chronisten und Kommentator. Das Leben der Schwestern und ihrer Familien verliert sich in der Anonymität des Alltags. Die Informationen über das Geschehen in der Familie werden bruchstückhaft.

Der Ausbruch der Weltwirtschaftskrise im Jahre 1929 traf den Betrieb von Karl Hermann und Max Sladký schwer. Der Ausfall der Aufträge aus der darniederliegenden Baubranche ließ sich nicht mehr auffangen, und die Firma mußte Konkurs anmelden. Ein schwerer Schlag für die beiden Gesellschafter, die nicht ganz friedlich auseinandergehen. Um die Existenz der Familie zu sichern, verkauft Elli ihren Anteil an dem Haus in der Bílekgasse an die Schwestern, bleibt aber nach wie vor darin wohnen. Mit dem leichten Leben ist es bei Hermanns vorbei.

Ende der zwanziger Jahre merkt man in der Familie, daß das Leben von Hermann Kafka langsam zu Ende geht. 1927 ist er, wie der erhaltene Antrag auf Ausstellung eines Reisepasses belegt, zwar noch einmal zur Erholung ins Ausland gefahren – die Zeichen des Alters sind aber unübersehbar. Schwer herz-

Hermann Kafka im Rollstuhl

krank kann er, von einer Pflegerin begleitet, nur im Rollstuhl seinen geliebten Chotek-Park erreichen. Dort sitzt er fast jeden Vormittag immer auf der gleichen Bank neben Julie und füttert Spatzen – der Herbst des Patriarchen. Als Marianne Steiner nach der sanften Revolution zum erstenmal nach vierzig Jahren Prag besucht, findet sie die Bank ihres Großvaters noch an derselben Stelle, wo sie immer stand.

Nach dem Tod von Hermann Kafka im Jahre 1931 – die Goldene Hochzeit hat das Paar nicht mehr erlebt – zieht Julie Kafka mit der langjährigen Hausangestellten der Familie, Marie Wernerová, in das Mietshaus in der Bílekgasse, sozusagen zu ihren Töchtern. In das gleiche Haus ist als Pensionär auch Siegfried Löwy, der Landarzt aus Triesch, eingezogen. Und Vallis Familie wohnt gleich um die Ecke in der Stockhausgasse (Vězeňská) 7. Nach wie vor hat die Familie die Tendenz zusammenzubleiben.

Während sich der Tod von Hermann Kafka in die natürliche

Ordnung der Welt fügte – in jenes »So geht Einer nach dem Anderen«, wie es Julie Kafka einmal in einem Brief an Anna Bauer zum Ausdruck brachte[14] –, mag man sich mit dem zweiten Tod, der die Familie im gleichen Jahr trifft, kaum abfinden: dem Tod von Vallis Tochter Lotte.

Im Scherz, der sich in eine böse Vorahnung verwandelte, sagte einer der jungen Freunde ihrer Schwester einmal zu Lotte: »Du bist zu gut für diese Welt.« Im Winter 1931 soll Lotte mit Tante Ottla in das Riesengebirge fahren – als eine Art Entschädigung dafür, daß ihre ältere Schwester Marianne mit ihrer Klasse Paris besuchte. Die beiden Schwestern waren nur elf Monate auseinander und fühlten sich beinahe wie Zwillinge. Bald nach der Ankunft in der Berghütte bekam Lotte eine schwere septische Angina, gegen die es damals kein Mittel gab, und starb einige Tage später, kaum siebzehn Jahre alt. Auch diesmal reiste Onkel Siegfried zum Krankenbett des Familienmitglieds, auch diesmal konnte er nicht helfen.

Man kann sich die Verzweiflung der Eltern, die Erschütterung der ganzen Familie vorstellen. Erst die Geburt des ersten Enkels im Jahre 1938 wird Valli über den Verlust der Tochter einigermaßen hinwegtrösten. »Die Freude dauerte aber nur elf Monate«, bemerkt Marianne Steiner dazu. Denn dann kam die Emigration der jungen Familie mit dem kleinen Kind, kam der Krieg – und kamen die Deportationen.

Drei Jahre nach dem Tod ihres Mannes stirbt Julie Kafka an Nierenversagen. Ihren ältesten Sohn hat sie um zehn Jahre überlebt. Ob sie je seine Werke gelesen hat? Nach der Erinnerung von Marianne Steiner hat die Mutter, von Max Brod nach Kafkas Tod danach gefragt, dem Erhalt der nachgelassenen Werke des Sohnes zugestimmt und sich dadurch auch über seinen letzten Willen, wonach man sie vernichten sollte, hinweggesetzt. Manche der Verlagsverträge aus den zwanziger und dreißiger Jahren tragen auch ihre Unterschrift. Max Brod hat jedenfalls nicht eigenmächtig gehandelt und von seinem Einsatz für den früh verstorbenen Freund nie finanziell profitiert.*

Ende der zwanziger und zu Beginn der dreißiger Jahre setzt die erste zaghafte Welle der frühen Kafka-Rezeption ein. Kafkas Werke finden sich auch in den Bücherschränken der kaufmännischen Verwandtschaft. Eine Bibliothek mit möglichst in Leder gebundenen Büchern galt im Bürgertum als Statussymbol. Diese hohen Standards können Kafkas Erstausgaben zwar nicht ganz erfüllen, in einem solchen Fall zählt aber auch die Verwandtschaft. Wer war eigentlich dieser Sonderling?

Wer sich in den Straßen der Prager Altstadt zwischen der Pariser Straße, dem Altstädter Ring und der Zeltnergasse noch zu Beginn der zwanziger Jahre regelmäßig aufhielt, mußte

* Laut des Verlagsvertrages, der am 19. Juni 1924 zwischen Max Brod, dem Ehepaar Kafka und Kafkas Schwestern besprochen und am 11. Juli unterzeichnet wurde, wurde der Erlös aus dem Verkauf von Franz Kafkas Werken zwischen dem Ehepaar Kafka und Dora Diamant im Verhältnis von 55:45 geteilt. Max Brod erhielt danach kein Honorar.

Franz Kafka vom Sehen her kennen. In seinen meistens dunklen Anzügen und Mänteln immer peinlich korrekt angezogen, groß, aber sehr schlank, beinahe mager, mit dunklem Teint, schwarzem Haar, großen eindringlichen Augen und auffallenden Ohren war er eine Erscheinung, die nicht zu übersehen war. Eigenartig wirkte auch das Taschentuch, das er seit seiner Erkrankung an Tuberkulose vor dem Mund hielt, um nicht jemanden anzustecken. Er bewahrte zwar Distanz, seine Freundlichkeit, Heiterkeit und Gesprächigkeit standen jedoch im Kontrast zu seiner ernsten Erscheinung und seinem ungewöhnlichen, düster wirkenden Werk. Er gab Rätsel auf. Kein Wunder, daß in mancher jüdischen Familie aus dem unmittelbaren Prager Umfeld schon mal eine nur so hingeworfene Bemerkung über den »Verrückten« zu hören war.

Auch bei Sladkýs standen die Erstausgaben von Kafkas Werken hinter Glas im Bücherschrank. Und sicherlich war es die mündliche Überlieferung, jene ab und zu fallenden Bemerkungen über und Erinnerungen an Franz Kafka, die das Interesse der Germanistikstudentin Mathilde Sladký an einem Werk weckte, dessen Autor in der aus Kaufleuten und höchstens Juristen bestehenden Familie eine recht fremde Erscheinung war. Mit Einverständnis und sicherlich auch Unterstützung ihres zukünftigen Doktorvaters Otokar Fischer, dem Inhaber des Lehrstuhls für Germanistik an der Philosophischen Fakultät der Karlsuniversität, entschied sie sich, Franz Kafka zum Thema ihrer Dissertation zu machen – der mit großer Wahrscheinlichkeit ersten Dissertation überhaupt, die seinem Werk gewidmet wurde. Schon die Wahl des Themas: »Das Problem der Einsamkeit und Gemeinschaft bei Franz Kafka« zeigt die genaue und tiefe Kenntnis des Gegenstandes. Unter Mathildes Informanten, die ihr die Einfühlung in die Problematik ermöglichten, kann man auch Elli Hermann vermuten, die ihr als ihre Tante – Mathildes Mutter war die

Mathilde Sladký

Schwester Karl Hermanns – verwandtschaftlich wohl am nächsten stand und zu der Problematik ihres Bruders einen intuitiven Zugang besaß. Und so wird Mathildes Stiefbruder Hans Hanus beobachten, wie seine Schwester stundenlang vor der Hausbibliothek hockt und kleine Zettel mit Anmerkungen und Zitaten ausfüllt.

Leben und Dichten waren bei Kafka so eng verknüpft wie selten sonst, und es war die Tragik seines Lebens, daß er die äußere Lebenshaltung mit seinem Innenleben nicht in Einklang bringen konnte, weil seine äußere Lebensführung einen Anschluß an das Leben der Gesamtheit, an die Durchschnittsmenschen, zu erfordern schien, während das eigenartige Wesen seiner Gedankenwelt sich dagegen wehrte. Er war sogar der festen Überzeugung, daß seine Dich-

Elli in den dreißiger Jahren

> tergabe für die Mehrzahl der Menschen nichts bedeute. Deshalb suchte er auch immer krampfhaft nach einer nützlichen Betätigung, beschäftigte sich auch allerdings nur eine Zeitlang mit Gartenbau und deshalb interessierte er sich auch gegen Ende seines Lebens für den Aufbau Palästinas.[1]

Elli Hermann geht es in dieser Zeit vermutlich nicht sehr gut. Ein Foto von ihr aus den dreißiger Jahren zeigt ein sorgenvolles Gesicht. Die materiellen Verhältnisse der Familie sind bescheiden; die beiden ältesten Kinder sind inzwischen außer Haus. Felix, früher ein liebenswürdiges Kind, später ein liebenswürdiger junger Mann, beliebt in der ganzen Familie, hat sich zu Beginn der dreißiger Jahre als Kaufmann in der Textilbranche in Brüssel niedergelassen. Gerti hatte den Komponisten Walter Kaufmann geheiratet und ist zu ihm nach Indien gezogen. Nur die kleine Hanna ist noch zu Hause. Bald kommt auf Elli eine weitere schwere Sorge zu: Ihr Mann, der schöne und etwas leichtsinnige, dem weiblichen Geschlecht nicht abholde Karl Hermann, erkrankt an Krebs. Den Niedergang seines Unternehmens hat er wohl nie ganz verwunden. Er stirbt 1939 als der letzte in der Familie, dem noch ein natürlicher Tod vergönnt war.

Mit dem Strom der deutschen Emigranten, die seit Hitlers Machtergreifung in der Tschechoslowakei Zuflucht suchen, kommt Mitte der dreißiger Jahre auch Anna Maria Jokl nach Prag. Von Dora Diamant, inzwischen verheiratete Lask und Mutter einer Tochter, hat sie Ottlas Adresse bekommen. Die Verbindungen in der kleinen Kafka-Gemeinde funktionieren nach wie vor, und so wird auch Anna-Maria Jokl ein gern gesehener Gast bei Ottla werden. Nur über Franz fällt es Ottla schwer zu sprechen; sie verstünde doch zu wenig davon, meint sie.

Zum Ärger ihres Mannes, der es doch lieber etwas bürgerlicher hätte, lebt Ottla auch als Hausfrau und Mutter weiter nach ihren eigenen Gesetzen, ohne auf Konventionen Rücksicht zu nehmen. Genauso wie schon ihr Vater will auch ihr Mann ihr den Umgang mit Dienstboten, armen Kesselflickern, Bettlern und anderen mitleiderweckenden Wesen, die sie oft ganz spontan auf der Straße aufliest und in ihre Wohnung bringt, verbieten. Was bleibt denn Ottla anderes übrig, als sie bei der Ankunft ihres Mannes schnell im Besenschrank zu verstecken und hinter seinem Rücken aus der Wohnung zu bringen? Auch die kleine Hana, Helenas Mitschülerin, die, früh verwaist, in Ottla eine Art Ersatzmutter findet, wird sich an sie als an eine sich selbst treue, liebenswürdige und herzliche Frau erinnern, mit der man über alles sprechen konnte und die auch immer alles geradeheraus sagte, was sie dachte, und sich von ihrem Weg nicht abbringen ließ.

Ottlas Eigenheiten, die ihn wohl auch etwas störten, hatte Josef Pollak, der traurige Spaßvogel der Familie, schon vor

Jahren in einer Geschichte zusammengefaßt. »Neulich, gehe ich um die Mitternacht nach Hause«, pflegte er anzufangen – und die Zuhörer begannen bereits zu lachen, wußte doch jeder, daß Pepa bereits um neun zu Bett ging –, »da sehe ich am Ende der Pariser Straße fast an der Moldau so zwei kleine Lichter sich bewegen. Was ist denn das, denke ich und komme näher. Und – es war Otilka, sie fuhr Kinder spazieren, und an den Kinderwagen hatte sie zwei Lampions angebracht.« Ob auch diese Geschichte Eingang fand in Pepas unter den Freunden allgemein bekanntes kleines Notizbuch, einen wahren Thesaurus jüdischer Witze?

In der dreißiger Jahren füllt sich Prag mit deutschen Emigranten. Trotzdem fühlt man sich in der Tschechoslowakei auch als Jude sicher. Erst nach dem Anschluß Österreichs werden sich viele der drohenden Gefahr bewußt. Jetzt aber überschlagen sich die Ereignisse bereits. Als mit dem Münchner Abkommen, eigentlich einem Diktat, im September 1938 die Tschechoslowakei gezwungen wird, die deutsch besiedelten Grenzgebiete an das Dritte Reich abzutreten, ist das weitere Schicksal des Restes des letzten demokratischen Staates in der Mitte Europas besiegelt. Jetzt wollen doch viele das Land verlassen – und stellen fest, daß dies gar nicht so einfach ist. Josef Pollak und seine Frau Valli denken nicht an Emigration. Wohin sollten sie auch gehen? Josef Pollak ist achtundfünfzig Jahre alt – wie und wo soll er neu anfangen? Das, was kommt, kann sich noch niemand vorstellen.

Am 15. März 1939 besetzen die Einheiten der deutschen Wehrmacht den Rest der Tschechoslowakei. Am 16. März verteidigt Mathilde Sladký, die Nichte Karl Hermanns, erfolgreich ihre Dissertation über Franz Kafka. Am gleichen Tag, dem 16. März, müssen jüdische Anwälte ihre Kanzleien aufgeben, und auch der Staatsdienst wird von den Juden »gesäubert«. Im Juni 1939 wird der jüdische Besitz »sichergestellt«;

die jüdischen Besitzer können nicht mehr über ihr Eigentum verfügen. Im August 1939 wird Juden der Besuch der Badeanstalten untersagt. Niemand aus der Familie Kafka darf jetzt mehr die Civilschwimmschule betreten. Und die Ausgrenzung der Juden aus dem öffentlichen Leben geht weiter. Bald werden sie weder Theater noch Kinos besuchen, weder umziehen noch Wohnungen mieten dürfen. Ab dem 17. März 1940 ist ihnen auch der Zugang zu allen Parkanlagen in der Stadt verboten. Die geliebten Chotekanlagen, der Park ihrer Kindheit, sind jetzt für Elli und Valli gesperrt.

Im Jahre 1940 heiratet Ellis jüngste Tochter Hanna den jungen Arzt Dr. Arnošt Seidner. Ein Lichtblick? Kaum. Auch ihre Cousine Mathilde Sladký heiratet. Als ihr Freund, Dr. Vladimír Flegel, ein Beamter des Justizministeriums, erfährt, daß Mischehen zwischen Juden und Christen bald per Erlaß verboten werden, »schleppt« er buchstäblich seine Freundin vor den Altar – und rettet ihr damit mit großer Wahrscheinlichkeit das Leben. Mathilde Sladkýs psychisches Gleichgewicht aber ist nachhaltig gestört; Ängste, nicht unähnlich jenen, die Franz Kafka so gut kannte, werden zu ständigen Begleitern ihres Lebens. Als »jüdisch versippt« muß Vladimír Flegel bald den Dienst quittieren und wird später wegen seiner jüdischen Frau auch interniert.

In dem Maße, wie die Lebensbedingungen der Juden Schritt für Schritt eingeschränkt werden, verschlechtern sich auch die noch verbliebenen Auswanderungsmöglichkeiten. Trotzdem gelingt zwischen dem 15. März 1939 und September 1941 noch mehr als 26000 Juden aus dem Protektorat Böhmen und Mähren die Emigration. Unter den Emigranten befindet sich auch Vallis Tochter Marianne Steiner mit ihrem Mann und dem kleinen Sohn.

Ab dem 19. September 1941 müssen die Juden im Protektorat den gelben Judenstern tragen. An diesem Tag kommen in einigen Prager Fabriken die Arbeiter mit dem angenähten Judenstern an der Brust in ihre Betriebe. Die deutsche Polizei greift hart ein, Sanktionen werden angedroht. Wenn es unter den Tschechen auch Verfasser von antijüdischen Schriften gibt, fühlt sich die Mehrheit von ihnen jedoch mit den Juden solidarisch. In den zwanzig Jahren der ersten Republik sind die alten Animositäten überwunden worden. Nicht zuletzt wissen auch die Tschechen, daß sie unter der nationalsozialistischen Herrschaft auf die Dauer nichts Gutes erwartet. Auch sie sollen aus dem mitteleuropäischen Raum verschwinden.

Im Herbst 1941 beginnen die ersten Deportationen – offiziell werden sie als Aussiedlungen bezeichnet, wonach die Juden in neue Siedlungsgebiete umgesiedelt werden sollen, wo sie dann friedlich werden weiterleben können.

Inzwischen haben sich die Spitzen der nationalsozialistischen Betreiber der »Endlösung« vorgenommen, die drei alten Reichshauptstädte Wien, Prag und Berlin bis Ende 1941 »judenfrei« zu machen. Daß es in den in Polen bereits eingerichteten Ghettos in Lodz, Riga und anderswo keine Kapazitäten gibt, spielt dabei keine Rolle. Im Herbst rollen schon die ersten Transporte nach Polen. Das Ghetto Theresienstadt wird erst im Dezember 1941 errichtet.

Meistens in der Nacht stellen die Boten der jüdischen Kultusgemeinde den Betroffenen die Hiobsbotschaften zu. Anfang Oktober sucht einer von ihnen auch die Wohnung von Gabriele Hermann in der Bílekgasse auf und übergibt ihr, ihrer Tochter Hanna, ihrem Mann Dr. Arnošt Seidner und dessen Eltern, die mit dem jungen Ehepaar zusammen wohnen, die »Einberufung zum Transport«. Eine Woche später erhalten auch Valli und Josef Pollak die Einberufung. Der Bestimmungsort heißt bei allen Lodz. Nach dem anfänglichen Schock – der in Polen liegende Ort weckt Ängste – sind alle fieberhaft damit beschäftigt, sich auf den Transport vorzubereiten. Viele zumeist unsinnige Formalitäten sind zu erledigen. Die notwendigen Sachen müssen gepackt und der Haushalt muß aufgelöst werden; die besonders wertvollen Gegenstände vertraut man Freunden und Bekannten zur Aufbewahrung an. Da der gesamte jüdische Besitz als enteignet gilt, müssen die Vorbereitungen dazu illegal geschehen und bedeuten ein nicht geringes Risiko. Dies alles innerhalb von einigen wenigen Tagen zu leisten, ist bei der eingeschränkten Bewegungsfreiheit, die den Juden auferlegt ist, unendlich schwierig. Bestimmte Straßen dürfen Juden nicht betreten, abends haben sie Ausgehverbot. Ohne die halbjüdischen Verwandten und die treuen alten Dienstmädchen wäre die Arbeit, die mit der Liquidierung der bürgerlichen Existenz verbunden ist, kaum zu bewältigen. Da die Davids im gleichen Haus wie Elli wohnen, kann vieles unbemerkt vonstatten gehen.

Läßt sich überhaupt nachempfinden, mit welchen Gefühlen Ottla ihren beiden Schwestern beim Packen hilft, wie tief sich dieses etappenweise Verabschieden der Verwandten in die Seelen ihrer Töchter eingraben wird?

Am 21. Oktober 1941 verlassen Elli Hermann und ihre Anverwandten Prag mit dem zweiten Transport nach Lodz. Valli und Josef Pollak folgen ihnen zehn Tage später mit dem vierten Transport. Insgesamt werden 5 000 Juden aus Prag in fünf Transporten nach Lodz deportiert. Nur ein Bruchteil von ihnen überlebt. In Lodz wecken die Transporte aus dem »Altreich« große Aufmerksamkeit. Ihre Ankunft wird zu einer Begegnung zwischen den West- und Ostjuden. David Sierakowiak notiert in seinem Tagebuch am 17. Oktober 1941: »Heuer kam eine Gruppe von Tschechen an. Sie hatten schönes Gepäck und Wagen mit Brot. Man erzählte, daß jemand von ihnen gefragt hat, ob es möglich sein würde ein Zwei-Zimmer Appartement mit fließendem Wasser zu bekommen. Interessante Typen – Die Westeuropäer sehen aus, wie die Menschen im Deutschen Reich...«[2] »Es wird allgemein betont, daß sie gut angezogen sind, man sieht, daß sie nicht in Polen leben«, notiert er. In den nächsten Tagen setzt er seine Beobachtungen fort: »Wir gehen uns die Tschechen anzuschauen. Es sind einige feine Menschen darunter, genauso wie unter den Luxemburgern. Es ist großartig mit ihnen zu reden. Fast alle von ihnen sprechen sehr gut deutsch. Sie hatten es so gut, daß sie überrascht sind, von dem Dreck hier.« Auch ein anderer Tagebuchschreiber aus dem Ghetto, Schlomo Frank, beschäftigt sich mit den ankommenden Tschechen: »21. Oktober. Heute vor neun, 1050 Juden aus Prag sind im Ghetto angekommen. Sie waren in guter Stimmung und antworteten mit einem freundlichen Shalom auf die Begrüßung der jüdischen Polizei in der Marysin Station.«[3]

Immer wieder wird Verwunderung darüber laut, daß die Westjuden nicht in Güter-, sondern in normalen Personenwaggons ankommen, wie gut sie gekleidet sind und daß es unter ihnen so viele Ärzte, Juristen und Ingenieure gibt.

Zwischen dem 16. Oktober und dem 4. November 1941 kommen zu den 160 000 bisherigen Ghettobewohnern 20 000 Juden aus Wien, Berlin, Prag, Hamburg, Luxemburg und Köln hinzu. Das Ghetto ist hoffnungslos überfüllt. Außerdem sind die Ankömmlinge meistens ältere Menschen. Das Ghetto Lodz ist jedoch ein Arbeitsghetto, ein Zuliefererbetrieb der deutschen Rüstungsindustrie, in dem man junge, arbeitsfähige Menschen benötigt, keine zusätzlichen Esser, angesichts der sowieso schon kargen Lebensmittelrationen. Da das Ghetto Lodz zum deutschen Reich gehört, ist es von der Außenwelt so gut wie isoliert und der in anderen Ghettos mögliche Schwarzhandel praktisch vollkommen unterbunden. Menschen über fünfzig haben hier kaum Überlebenschancen.

In Lodz angelangt, werden die Ankömmlinge zuerst in den Massenquartieren in der Lagiewnickigasse, später in der Franziskanergasse untergebracht. Erst ein halbes Jahr später, im Frühjahr 1942, wird Gabriele Hermann und der Familie Seidner eine eigene Wohnung in der Gnesenerstraße Nr. 1 zugewiesen. Valerie und Josef Pollak ziehen etwas später auch zu ihnen. Man ist also wieder zusammen, nur unter welchen Bedingungen!

Der Prager Schriftsteller František Kafka, einer der wenigen Überlebenden aus dem zweiten Lodzer Transport, fand bereits im Winter, noch in der Massenunterbringung, Valerie Pollak durch Krankheit ans Bett gefesselt und sehr stark abgemagert. »Sie beklagte sich über nichts, sie benötigte nichts«, schreibt er in seinem Bericht. Auch Gabriele Hermann soll in der ersten Zeit im Lager krank gewesen sein.

Um das überfüllte Ghetto zu entlasten, setzt die deutsche Kommandatur die Tötungsmaschinerie in Gang. Unter dem Etikett der Evakuierung werden zwischen Januar und September insgesamt 70000 Ghettobewohner in den primitiven, mit Auspuffgasen tötenden Gaskammern im Lager Chelmno ermordet. Von den 20000 mitteleuropäischen Juden, die im Oktober 1941 nach Lodz kamen, werden in diesen Monaten 11000 getötet, die meisten am 4. Mai 1942.

Selbst wenn die Schwestern Franz Kafkas und Josef Pollak in diesen Monaten noch verschont geblieben sein sollten – die Woche des Grauens im September 1942, die Woche der totalen Sperre der Lebensmittellieferungen und wilder Selektionen werden sie kaum überlebt haben. In dieser Woche verlieren sich auch die Spuren von Elli Hermann und Valli und Josef Pollak definitiv. In der Wohnung in der Gnesenerstraße sind sie nach den Angaben des Jüdischen Historischen Instituts in Warschau ab dem 10. September jedenfalls nicht mehr gemeldet.

Auch aus der Familie Seidner kehrte niemand zurück, weder Gabrielas Tochter Hanna, bei dem Transport nach Lodz erst einundzwanzig, noch ihre Schwiegereltern. Ihr Mann

Arnošt Seidner überlebte zwar das Ende des Ghettos, starb aber am 28. März 1945 in Dachau.

Am 10. Dezember 1941, knapp zwei Monate nach Elli, wird ein weiteres Mitglied die »Familienwohngemeinschaft« in der Bílekgasse verlassen müssen, die langjährige Haushälterin der Familie, »das Fräulein« Marie Wernerová. Sie wird zuerst in das neueröffnete Ghetto Theresienstadt deportiert, aber schon am 19. Januar von dort aus nach Riga, wo sich ihre Spur verliert. Siegfried Löwy, Kafkas Lieblingsonkel, wird der drohenden Deportation im Jahre 1943 durch Selbstmord zuvorkommen. Auch Ellis Sohn Felix wird den Krieg nicht überleben. Nach einer Version wird er in einem französischen Konzentrationslager an Typhus sterben, nach der anderen bei der Flucht über die Pyrenäen ums Leben kommen. Bohumil Pollak, Vallis Schwager, verhungert im Ghetto in Riga. Vielen Menschen soll er mit seinem Glauben Trost gespendet haben.

Und Ottla? Schon seit März 1940 ist sie polizeilich bei ihrer frisch verwitweten Schwester Elli gemeldet, was auf eine formale Trennung von Josef David zu diesem Zeitpunkt schließen läßt. Es ist allerdings fraglich, ob Ottla bei ihrer Schwester auch tatsächlich wohnte oder es sich eher um einen formalen Akt handelte, der von Josef David Unannehmlichkeiten wegen seiner jüdischen Frau fernhalten und gleichzeitig Ottla doch den Schutz des nichtjüdischen Ehemannes erhalten sollte. Zweifellos wollte Ottla auch schon wegen ihrer Töchter aus dem Blickfeld der Behörden verschwinden. Die formelle Trennung schien in dieser Hinsicht die beste Lösung zu sein. Sicher ist allerdings auch, daß Ottlas Ehe mit Josef David kein großes Glück beschieden war. Dafür waren sie in ihrem Charakter, ihrer Herkunft und den jeweiligen Ansprüchen, die sie an das Leben stellten, zu unterschiedlich. War ihre Ehe schon von den inneren Voraussetzungen her instabil, so war sie den extremen Belastungen, die jetzt von außen an sie herangetragen

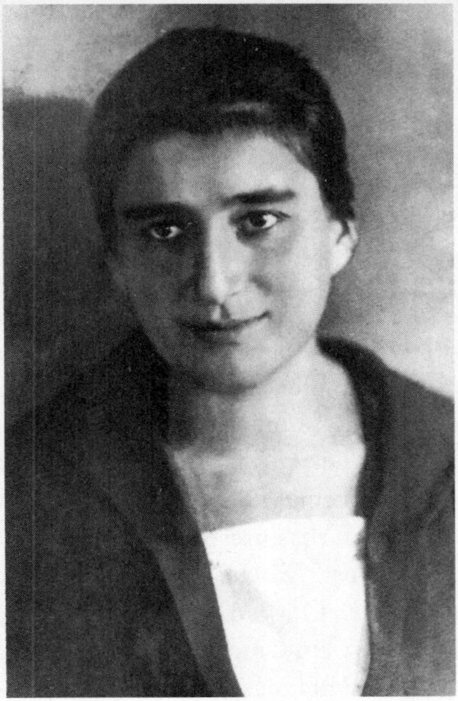

Ottla

wurden, kaum gewachsen. Geradlinig in ihrem Denken, instinktsicher in der Unterscheidung von Gut und Böse, die Ordnung der Dinge in sich selbst tragend, war Ottla eigentlich von Anfang an stark gefährdet. Beim Packen zum Helfen verurteilt, dazugehörig, aber doch von den Konsequenzen ausgenommen – moralisch konnte sie diese Situation, die allen ihren Grundsätzen und ihrem Gerechtigkeitsgefühl widerstebte, einfach nicht ertragen. Sehr wahrscheinlich hat Elli, immer schon groß wenn auch ohnmächtig in ihrem Einfühlungsvermögen, am sichersten diese Gefahr erfaßt, als sie vor ihrem Abtransport die Schwester beschwor, ihre Chance zu nutzen.

Sicherlich mußte Josef David wegen seiner jüdischen Frau

manche Unannehmlichkeit erleben. Um diese Situation auszuhalten, hätte er fest zu Ottla stehen müssen, und dafür hatte die Ehe wohl nicht mehr genug Substanz. Was alles zwischen den beiden Menschen passierte, wer wen verletzte und was dabei eine Rolle spielte – die Rücksicht auf die Töchter, möglicherweise auch der Versuch, das Eigentum zu retten –, genau wird man das nie wissen. Und so genau wußten es wohl auch die Beteiligten selbst nicht.

Letztlich wurde jedenfalls nach der Trennung doch der zweite Schritt getan, die Scheidung und definitive Auflösung der Ehe. Und wir können uns vorstellen, daß Ottla leichten Herzens nach der Scheidung nach Hause ging. Vielleicht zum ersten Mal in ihrem Leben gehörte sie jetzt nur sich selbst. Sie war frei, vogelfrei. In einer Hinsicht war sie aber doch privilegiert: Sie hatte ihr Schicksal frei gewählt.

Es dauert nur ein paar Wochen, bis der Diener der Jüdischen Kultusgemeinde auch Ottilie Davidová die Einberufung zum Transport überbringt. Im Unterschied zu ihren älteren Schwestern heißt der Bestimmungsort Theresienstadt – ein Name, hinter dem sich doch etwas mehr Hoffnung verbirgt. Und schon wieder wird gepackt und überlegt, was mitzunehmen ist. Bevor Ottla geht, bringt sie noch die Wohnung in Ordnung, und Josef David ölt am Vorabend gründlich ihre Schuhe ein: »Da wird Dir kein Wasser durchkommen«, kommentiert er zufrieden sein Werk.

Erst jetzt begreifen die Töchter, was eigentlich geschehen ist. Sie sind entsetzt. Später werden sie den Versuch unternehmen, der Mutter nach Theresienstadt zu folgen, sogar in das Ghetto Einlaß begehren. Sie werden abgewiesen, weil sie durch ihren nichtjüdischen Vater »die Bedingungen« nicht erfüllen.

Am 3. August 1942 überschreitet Ottilie Davidová die Schwelle der Sammelstelle für jüdische Transporte aus Prag, die Holzbaracke auf dem Gelände der Mustermesse in der

Nähe vom Baumgarten. Die unbeheizbare und regenundichte Baracke gibt ihr genauso wie die Begegnung mit dem gefürchteten jüdischen Leiter der Transportabteilung Robert Mandler einen Vorgeschmack darauf, was sie hier erwartet.

Nach der Ankunft in Theresienstadt wird Ottla in einem der Frauenquartiere untergebracht, und etwas später beginnt sie als Pflegerin im »Kriechlingsheim«, dem Heim für kleine jüdische Waisenkinder, zu arbeiten. In der Erinnerung von Věra Duxová (verh. Hájková), die als Zwanzigjährige mit dem gleichen Transport nach Theresienstadt kam und auch im »Kriechling« arbeitete, war Ottla Davidová eine schon weißhaarige, kultivierte und gütige Frau, die von allen Schwestern sehr geachtet und respektiert wurde – eine Persönlichkeit. Ihre Erscheinung war immer sehr gepflegt; sie hatte immer eine weiße Schürze getragen, die sogar gebügelt und gestärkt gewesen sein soll – in Theresienstadt ein wahres Wunder. Das mag sicher überraschen; denn früher war Ottla für ihre nachlässige Kleidung bekannt gewesen. Während jedoch ihre damalige Mißachtung der Etikette Ausdruck ihres Aufbegehrens gegen die bürgerliche Gesellschaft mit allen ihren Regeln war, so kann sie sich jetzt gegen den Zerfall, die Auflösung, den Schmutz und die gesamte Atmosphäre, in der so viele sich aufgeben, nur durch penibles Einhalten der Kleiderordnung wehren. Es hat übrigens den Anschein, daß Ottla sich in der Gemeinschaft der Frauen, in der auch viel gelacht wurde, recht glücklich fühlte. »Wir haben ganze Nächte miteinander geredet«, erinnerte sich eine Mitgefangene, mit der Ottla die Pritsche teilte. Als einmal die Frage gestellt wurde: ›Sollten wir herauskommen – haben wir hier etwas gelernt?‹ soll Ottla geantwortet haben: »Ja, daß man auch aus Brennesseln eine Suppe kochen kann.«

Sooft es möglich ist, schicken die Töchter der Mutter Lebensmittelpakete, und oft kommen sie auch vor das Tor, in der

Hoffnung, die Mutter wenigstens zu erblicken. Als sie sich in einem ihrer Briefe einmal verschreiben und statt Otilie Otitilie schreiben, wird Ottla zukünftig für alle Otitilka heißen. Auch Hana, Helenas ehemalige Mitschülerin, wird Ottla in Theresienstadt treffen, und, da sie auf dem Feld arbeitet, ihr mal ein Stück Obst, mal eine Möhre bringen.

Am 3. Juli 1943 wird im Ghetto der sechzigste Geburtstag Franz Kafkas gefeiert. Dem Gedenkvortrag »wohnten seine Schwester Ottilie, Verwandte und zwei Mitschüler des Dichters bei«, notiert G. H. Adler in seinem Buch über Theresienstadt. Sechs Wochen später trifft in Theresienstadt ein Transport von 1260 Kindern aus Bialystok ein. Sie kommen in einem elenden Zustand an, die meisten ohne Schuhe, nur in Lumpen gekleidet, verwahrlost, verstört. Verzweifelt wehren sich die Kinder dagegen, in die Duschen zu gehen, die sie für Gaskammern halten. Erst als es einem der Desinfektoren gelingt, trotz des strengen Verbotes einen der größeren Jungen davon zu überzeugen, daß es sich wirklich nur um Duschen handelt, lassen sich die Kinder entlausen und baden. Frisch angezogen, werden sie in einer Baracke außerhalb des Lagers untergebracht.

Man munkelt, es handele sich um die letzten überlebenden jüdischen Kinder aus Polen, die für eine Austauschaktion bestimmt sind. Als Pflegepersonal für die Kinder gesucht wird, meldet sich Ottla freiwillig. Věra Hájková erinnert sich bis heute, wie hoch sie und die jungen Schwestern im Heim damals Ottlas Mut schätzten und sich schämten, sich für diese Aufgabe nicht selbst gemeldet zu haben. Nach einem anderen Zeugnis soll allerdings Ottilie Davidová von Eichmann selbst zu dieser Arbeit eingeteilt worden sein, was allerdings etwas weniger wahrscheinlich erscheint.

Sowohl die Pfleger als auch die Kinder leben in strenger Isolation. Die Kinder bekommen bessere Essensrationen und tragen keine Judensterne. Langsam erholen sie sich, beginnen zu sprechen, und man hört sie sogar singen. Sie fassen wieder Hoffnung. Auch Ottla Davidová soll in dieser Zeit beruhigende Briefe über den bevorstehenden Austausch und über die Arbeit mit den Kindern, die ihr viel Freude bereitete, nach Hause geschrieben haben. Aber dann kommt der Schlag. Ob die geplante Austauschaktion gescheitert ist, die SS-Führung es sich anders überlegte oder sogar der Jerusalemer Mufti seinen Einspruch gegen die Auswanderung der Kinder nach Palästina erhob, ist nicht eindeutig festzustellen. Jedenfalls werden die Kinder am 5. Oktober in einer Nacht-und-Nebel-Aktion nach Auschwitz gebracht und dort gleich nach der Ankunft vergast. Zusammen mit ihnen sterben ihre 53 Pfleger, darunter auch Ottilie Davidová. Nach alldem, was wir über sie wissen, können wir uns vorstellen, daß sie von den Kindern umgeben, helfend, tröstend, beistehend über ihren eigenen Tod hinwegkam.

Auch diesmal warten die Menschen sehnsüchtig auf das Ende des Krieges, die Niederlage des Dritten Reiches. Auch diesmal erwartet man, daß alles wieder so sein wird wie früher. Als das Ende endlich kommt, wird erst das ganze Ausmaß der Katastrophe sichtbar. Bis auf knapp ein Zehntel ist das böhmische Judentum ausgelöscht. Auch die Liste der Angehörigen und Verwandten der Familie Kafka, die den Krieg nicht überlebten, ist lang, die der Überlebenden nur kurz.

Die Räume und Orte aber sind geblieben. Wer die Geduld aufbringt, immer wieder den Spaziergang durch den Baumgarten bis zum toten Arm der Moldau oder über die Brücke nach Troja zu unternehmen, über das Letná-Plateau in den Chotek-Park zu gehen, Petřín, den Lorenziberg, über Nebozízek zu besteigen oder durch die Altstadt zu wandeln, nicht auf Spurensuche, sondern am besten mit Alltäglichem beschäftigt, wird eines Tages spüren, daß die Räume, die stummen Zeugen früheren Lebens, trotz aller Brüche und Schrecken der Geschichte doch Kontinuität bewahren und weitertragen, an der alle diejenigen teilhaben, die sie einmal bewohnten.

Anmerkungen

1
Räume und Orte

Der Himmel über Osek

1 Kafka, Franz: *Tagebücher in der Fassung der Handschrift,* hg. von Hans-Gerd Koch, Michael Müller und Malcolm Pasley, Frankfurt am Main 1990, S. 323 (für alle Zitate in diesem Absatz)

2 a.a. O., S. 324

3 Siehe: Julie Kafka über die Familie, S. 44

4 Franz Kafka, 1990, S. 323-324

Die böhmischen Dorfjuden

1 Vgl. Lipscher, Vladimír: »Jüdische Gemeinden in Böhmen und Mähren im 17. und 18. Jahrhundert« (S. 73-86) und Drabek, Anna M.: »Die Juden in den böhmischen Ländern zur Zeit des landesfürstlichen Absolutismus« (S. 123-144). In: *Die Juden in den böhmischen Ländern,* München, Wien 1983

2 a.a.O.

3 Koch, Hans-Gerd (Hrsg.): *Als Kafka mir entgegenkam,* Berlin 1995, S. 55-65

4 Die folgende Darstellung stützt sich auf drei Quellen: Donath, Oskar: *Die böhmischen Dorfjuden,* Prag 1926; Rakous, Vojtěch: *Vojkovičtí a přespolní* (Bd. I-III), Prag 1926; Wels, Šimon: *U Bernátů,* Prag 1993. Berücksichtigt sind auch eigene Recherchen.

5 Siehe z. B. Stölzl, Christoph: *Kafkas böses Böhmen,* München 1975

6 Rakous, Vojtěch: »Kieslerův Lojza poprvé v kostele«. In: *Vojkovičtí a přespolní,* Prag 1926, Bd. I

7 Rakous, Vojtěch, 1926, S. 203

8 Wlaschek, Rudolf M.: *Juden in Böhmen,* München, Wien 1990, S. 81-86

Die Kafkas aus Osek

1 Nach dem Stammbaum der Familie Kafka von A. Northey. In: Northey, Anthony: *Kafkas Mischpoche,* Berlin 1988

2 Rakous, Vojtěch: »Na rozcestí«, in: V. Rakous, *Vojkovičtí a přespolní,* Bd. II, Praha 1926, S. 169; Übers. A. W.

3 Rakous benutzt im tschechischen Original, wie bei den Dorfjuden üblich, die Begriffe »Kirche« – nicht »Synagoge« oder »Tempel« – und »Gottesdienst«.
4 Vgl. Vojtěch Rakous, 1926, Bd. II, S. 235
5 Vgl. Wels, Šimon: *U Bernátů* (Bei den Bernats), Prag 1993, S. 15
6 Mündliche Mitteilung von Ondřej Fibich
7 Kotalík, Josef: *Písek a Písecko v literatuře* (Písek und seine Umgebung in der Literatur) Písek 1966, S. 34
8 Kafka, Franz: *Brief an den Vater,* Frankfurt am Main 1975, S. 29
9 Vojtěch Rakous, 1926, Bd. I, S. 224-237, Übers. A. W.

Die Borges (Porias) aus Poděbrady

1 Franz Kafka, 1990, S. 319
2 Kafka, Franz: *Hochzeitvorbereitungen auf dem Lande,* hg. von Max Brod, Frankfurt am Main 1952, S. 192
3 Die Informationen über die Familie Löwy verdanke ich der schriftlichen Mitteilung von Jiří Rychetský, Humpolec.
4 Gold, Hugo: *Die jüdischen Gemeinden Böhmens und Mährens in Vergangenheit und Gegenwart,* Prag/Brno 1934, S. 507
5 Franz Kafka, 1990, S. 318-319
6 a.a.O.
7 In dem Aufsatz über die Juden in Poděbrady von Jan Hellich in: Gold, 1934, S. 504-507 wird das Todesjahr von Jakob Löwy irrtümlicherweise mit 1876 (statt 1910) angegeben. Man kann davon ausgehen, daß der Autor das Todesjahr und das Jahr des Umzugs nach Prag verwechselte.

2

Alle Wege führen nach Prag

Hermann Kafka und Lulie Löwy

1 Brod, Max: *Franz Kafka. Eine Biographie,* Prag 1937/New York 1945, S.13
2 Mündliche Mitteilung von Petr Brod
3 Anthony Northey, 1988, S. 74-75
4 Wagenbach, Klaus: *Franz Kafka. Biographie seiner Jugend,* Bern 1958 S. 18; eine ähnliche Deutung auch: Binder, Hartmut (Hg.): *Kafka-Handbuch,* Stuttgart 1979, S. 110-114
5 Das Haus Nr. 90-I wird als Wohnsitz von Hermann Kafka in drei Dokumenten angegeben:
1. in der Note des Prager Magistrats vom 12. 11. 1880, in der der Verlust des Militärpasses von H.K. gemeldet wird;

2. in der Note vom 19. August 1882, mit der die Gründung des Galanteriewarengeschäftes in der Nr. 929-I angekündigt wird;
3. in der schon erwähnten Anfrage nach dem Wohnsitz von Hermann Kafka und Josef Rosenauer aus dem Jahr 1900. Als Vermieter wird zwar in der Anfrage Adolf Kafka angegeben, da aber der Vorname Angelus ungewöhnlich war, kann es sich um einen Fehler handeln.
Alle diese Dokumente befinden unter PR K 621 11 im Ústřední státní archiv in Prag.

6 1899 wurde Leopold Hilsner, ein jüdischer Gelegenheitsarbeiter aus dem böhmischen Städtchen Polná, des Ritualmordes an Anna Hrůzová beschuldigt. Der alte Aberglaube, daß Juden für die Matzen Christenblut benötigen, spielte in dem Prozeß eine wichtige Rolle und spaltete die tschechische Gesellschaft in zwei Lager. Es war vor allem das Verdienst des späteren Präsidenten der ČSR T.G. Masaryk, der als Widersacher der These vom Ritualmord auftrat, daß die tschechische Nationalbewegung nicht dem Antisemitismus verfiel.
7 Ignát Herrmann (1854-1935), tschechischer Schriftsteller. Seine kulturgeschichtlichen dreibändigen Erinnerungen an das alte Prag *Před padesáti lety* (Vor fünfzig Jahren), Prag 1924-1926, dienten auch dieser Schilderung als Quelle.
8 Mündliche Mitteilung von Hans-Gerd Koch
9 Franz Kafka, 1975, S. 60-62
10 Quelle: Note des Polizeipräsidiums vom 23.6.1885 über den Diebstahl eines Wäschekorbes, mit der Beschreibung des Inhalts.

Das Ehepaar Kafka

1 Franz Kafka, 1975, S. 37
2 Siehe auch: Herweg, Rachel Monika: *Die jüdische Mutter – das verborgene Matriarchat*, Darmstadt 1995
3 Franz Kafka, 1990, S. 311
4 Franz Kafka, 1975, beide Stellen S. 35
5 Kafka Franz, *Briefe an Felice,* hg. von Max Brod, Frankfurt am Main 1967, S. 678
6 Franz Kafka, 1975, S. 25 und 26
7 Siehe: Fotobeilage zur tschechischen Ausgabe der Briefe an Ottla und die Familie (*Dopisy Ottle a rodině*), Prag 1996.
8 Brod, Max: *Franz Kafka,* Frankfurt am Main 1946, S. 11
9 Klaus Wagenbach, 1958, S. 24 und Fragebogen Ida Bergmann, Archiv Klaus Wagenbach
10 Hans-Gerd Koch (Hg.), 1995, S. 60

Der kleine Franz

1 Franz Kafka, 1990, S. 261
2 Wagnerová, Alena: »Unschuldig«. In: *Neue Zürcher Zeitung*, 11.4.1997, S. 45
3 Franz Kafka, 1975, S. 10
4 Franz Kafka, 1975, S. 7
5 Franz Kafka, 1967, S. 193
6 Franz Kafka, 1990, S. 871
7 Franz Kafka, 1990, S. 101-102
8 Franz Kafka, 1975, S. 28

Die Schwestern

1 Franz Kafka, 1975, S. 37
2 Franz Kafka, 1975, S. 24
3 Kafka, Franz: *Briefe an Milena*, hg. von Max Brod, Frankfurt am Main 1983, S. 71
4 Franz Kafka, 1990, S. 17-27
5 Franz Kafka, 1975, S. 36.
6 Franz Kafka, 1967, S. 193
7 Abdruck mit freundlicher Genehmigung des Literaturarchivs des Denkmals des tschechischen Schrifttums in Prag.
8 Pouzarová, Anna: »Als Erzieherin in der Familie Kafka«, in: Hans-Gerd Koch, 1995
9 Anna Pouzarová spricht zwar von der Schönbornschen Schule, dabei muß es sich aber um eine Verwechslung handeln; eine Schule dieses Namens gab es in Prag nicht, wohl aber die deutsche Mädchenfortbildungsschule von Adele Schembor auf dem Wenzelsplatz, später in der Herrengasse.

Der »Prozeß« des Hermann Kafka

1 Die Informationen über die Familie Löwy verdanke ich Leopoldine Pick, geb. Löwy, der jüngsten Tochter von Bedřich Löwy (Brief vom 6.8.1997).
2 Das Material ist unter der Bezeichnung PR K 621 11 im Ústřední státní archiv in Prag vorhanden.
3 Franz Kafka, 1990, S. 309-310
4 Franz Kafka, 1990, S. 39-40
5 Franz Kafka, 1990, S. 83 und 86
6 Franz Kafka, 1990, S. 271
7 Franz Kafka, 1990, S. 293

3

Vom Lieben, Heiraten und dem Tod

Der Kampf um die Eltern

1 Kafka, Franz, *Briefe an Ottla und die Familie*, hg. von Hartmut Binder und Klaus Wagenbach, Frankfurt am Main 1974, S.33
2 Franz Kafka, 1975, S. 33
3 Franz Kafka, 1975, S. 40
4 Franz Kafka, 1974, S. 172
5 Franz Kafka, 1975, S. 10
6 Franz Kafka, 1975, S. 37
7 Franz Kafka, 1975, S. 39
8 Franz Kafka, 1975, S. 32
9 Franz Kafka, 1990, S. 561
10 Franz Kafka, 1990, S. 837
11 Franz Kafka, 1975, S. 36
12 Franz Kafka, 1974, S. 11
13 Brief Julie Kafkas vom 21.12.1917. Zit. nach: Binder, Hartmut: »Kafka und seine Schwester Ottla«. In: *Jahrbuch der deutschen Schillergesellschaft*, 12, 1968, S. 403-456

Zeit zu heiraten

1 Franz Kafka, 1967, S. 287
2 Franz Kafka, 1967, S. 243
3 a.a.O.
4 Franz Kafka, 1975, S. 37
5 Franz Kafka, 1990, S. 287-288
6 Franz Kafka, 1990, S. 303
7 Kafka, Franz, *Briefe 1902-1924*, hg. von Max Brod, Frankfurt am Main 1958, S.108
8 Franz Kafka, 1990, S. 460-461
9 Franz Kafka, 1990, S. 569
10 Franz Kafka, 1990, S. 345
11 Franz Kafka, 1990, S. 359
12 Hans-Gerd Koch, 1995, S. 201
13 Franz Kafka, 1990, S. 213
14 Franz Kafka, 1990, S. 421
15 Franz Kafka, 1967, S. 330
16 Franz Kafka, 1990, S. 431-432

17 Franz Kafka, 1967, S. 100
18 Franz Kafka, 1967, S. 111
19 Franz Kafka, 1967, S. 114
20 Franz Kafka, 1990, S. 606
21 Franz Kafka, 1967, S. 352
22 Franz Kafka, 1967, S. 219
23 Franz Kafka, 1967, S. 82

Das gewöhnliche Leben

1 Franz Kafka, 1967, S. 249
2 Franz Kafka, 1967, S. 247
3 Franz Kafka, 1967, S. 243-244
4 Klaus Wagenbach, 1958, S. 166
5 Franz Kafka, 1990, S. 557
6 Franz Kafka, 1967, S. 410
7 Franz Kafka, 1990, S. 806-809
8. Lensing, Leo A.: »Kafkas Verlobte war auch nicht so einfach«, *Frankfurter Allgemeine Zeitung*, 23. 8. 1997, »Bilder u. Zeiten«, S. 1
9 Franz Kafka, 1967, S. 612-613
10 Franz Kafka, 1990, S. 544
11 Franz Kafka, 1990, S. 697-698
12 Mündliche Mitteilung von Marianne Steiner
13 Franz Kafka, 1974, S. 27

Die kleine Ehe

1 Franz Kafka, 1967, S. 287
2 Franz Kafka, 1974, S. 174
3 Franz Kafka, 1975, S. 39
4 Hartmut Binder, 1968, S. 424
5 a.a.O., S. 426
6 Franz Kafka, 1967, S. 87
7 Franz Kafka, 1974, S.171
8 Franz Kafka, 1967, S. 730
9 Hartmut Binder, 1968, S. 439
10 Hartmut Binder, 1968, S. 438
11 Hartmut Binder, 1968, S. 406
12 Franz Kafka, 1974, S. 174
13 Franz Kafka, 1967, S. 757
14 Franz Kafka, 1958, S. 165

15 Franz Kafka, 1990, S. 840
16 Brod, Max: *Über Franz Kafka. Eine Biographie,* Frankfurt am Main 1966, S. 147
17 Franz Kafka, 1974,, S. 188
18 Binder, Hartmut: »Kafkas Briefscherze«, *Jahrbuch der Schillergesellschaft,* 13, 1969, S. 537
19 Franz Kafka, 1974, S. 190
20 a.a.O., S. 189
21 Hartmut Binder, 1969, S. 431

»So geht Einer nach dem Anderen ...«

1 Franz Kafka, 1974, S. 183
2 *Selbstwehr* vom 8.3.1918
3 Franz Kafka, 1983, S. 288
4 Franz Kafka, 1958, S. 340
5 a.a.O., S. 343
6 Sammlung Hélène Zylberberg, Deutsches Literaturarchiv, Marbach
7 Hans-Gerd Koch, 1995, S. 174
8 a.a.O., S. 175
9 a.a.O.
10 Franz Kafka, 1974, S. 133
11 Franz Kafka, 1975, S. 12
12 Franz Kafka, 1974, S. 215
13 Hans-Gerd Koch, 1995, S. 201
14 Franz Kafka, 1967, S. 623

Die Auslöschung

11 Sladký, Mathilde: *Das Problem der Einsamkeit und Gemeinschaft bei Franz Kafka,* Dissertation, Prag 1939, Archiv der Karls-Universität Prag
2 Adelson, Alan u nd Oskar Lapides (Hgg.): *Lodz Ghetto. Inside a Community under Siege,* New York 1989, S. 171-172
3 a.a.O., S. 171

Literaturverzeichnis

ADELSON, Alan und Lapides, Oskar (Hgg.): *Lodz Ghetto. Inside a Community Under Siege*, New York 1989

ADLER, H. G.: *Theresienstadt 1941-1945*, Tübingen 1958

BINDER, Hartmut (Hg.): *Kafka-Handbuch*, Stuttgart 1979

— ders.: »Kafka und seine Schwester Ottla«. In: *Jahrbuch der deutschen Schillergesellschaft* 12, 1968, S. 403-456

— ders.: »Kafkas Briefscherze«. In: *Jahrbuch der deutschen Schillergesellschaft* 13, 1969, S. 536-559

BROD, Max: *Über Franz Kafka. Eine Biographie*, Frankfurt am Main 1962

CERMÁK, Josef: »Die Kafka-Rezeption in Böhmen (1913-1949)«. In: *Germano-Slavica*, Jg. 171, 1994, S. 127-144

DONATH, Oskar: *Böhmische Dorfjuden*, Brünn 1926

HERWEG, Rachel Monika: *Das verborgene Matriarchat*, Darmstadt 1995

HERRMANN, Ignát: *Pred padesáti lety*, Bd. I-III, Prag 1924-1926

HERMAN, Jan: *Jüdische Friedhöfe in Böhmen und Mähren*, Prag o. J.

IGGERS, Vilma: *Die Juden in Böhmen und Mähren. Ein historisches Lesebuch*, München 1986

JANOUCH, Gustav: *Franz Kafka und seine Welt*, Wien 1965

JOKL: »Das Ende des Weges«, *Frankfurter Allgemeine Zeitung*, 27. 6. 1969

Die Juden in den böhmischen Ländern. Vorträge der Tagung des Collegium Carolinum, München 1983

KAFKA, Frantisek: »Das Schicksal der Schwestern Franz Kafkas«. In: *Informationsbulletin*, hg. vom Rate der jüdischen Gemeinden in Böhmen und Mähren, Dezember 1965

KAFKA, Franz: *Sämtliche Erzählungen*, Frankfurt am Main 1970
— ders.: *Briefe an Felice*, Frankfurt am Main 1967
— ders.: *Briefe an Milena*, Frankfurt am Main 1983
— ders.: *Briefe an Ottla und die Familie*, Frankfurt am Main 1974
— ders.: *Brief an den Vater*, Frankfurt am Main 1975
— ders.: *Hochzeitsvorbereitungen auf dem Lande*, Frankfurt am Main 1983
— ders.: *Der Verschollene* (Originalfassung), Frankfurt am Main 1994
— ders.: *Gesammelte Werke. Briefe 1902-1924*, New York 1958
— ders.: *Tagebücher* (in der Fassung der Handschrift), Frankfurt am Main 1990
KOCH, Hans-Gerd (Hg.): *Als Kafka mir entgegenkam*, Berlin 1994
LAU, Israel M.: *Wie Juden leben*, Gütersloh 1988
NORTHEY, Anthony: *Kafkas Mischpoche*, Berlin 1988
OZARI, Roni, *Rituelles Schlachten bei Juden, Muslimen und Sikhs.* Dissertation der Universität München 1984
RAKOUS, Vojtěch: *Modche a Rezi. Vojkovičtí a přespolní.* Bd. I-III, Prag 1926
— ders.: *Modche und Resi*, Prag 1922
STÖLZL, Christoph: *Kafkas böses Böhmen*, Frankfurt am Main/Berlin 1975
»Unser einziger Weg ist Arbeit«. Das Ghetto in Lodz 1940-1944. Eine Ausstellung des Jüdischen Museums Frankfurt am Main, Wien 1990
WAGENBACH, Klaus: *Franz Kafka. Die Biographie seiner Jugend*, Bern 1958
— ders.: *Franz Kafka. Bilder aus seinem Leben*, Berlin 1985
— ders.: *Franz Kafka*, Reinbek bei Hamburg 1964

WAGNEROVÁ, Alena: »Eine Landärztin«. In: *Neue deutsche Literatur*, 12/1993, S. 60-73
— dies.: *Milena Jesenská. »Alle meine Artikel sind Liebesbriefe«*. Biographie, Mannheim 1994
— dies. (Hg.): *»Ich hätte zu antworten tage- und nächtelang«. Die Briefe von Milena*, Mannheim 1996
— dies.: »Das ungeschriebene Leben. Elli, Valli und Ottla, die Schwestern von Franz Kafka«. In: *Deutsche Schwestern*, Berlin, 1997
WELS, Simon, *U Bernátu* (Bei den Bernats), Prag 1991
WLASCHEK, Rudolf. M.: *Juden in Böhmen*, München/Wien 1990

Stammbaum der Familie Kafka nach Anthony Northey

Josef Kafka ∞ Anna (Pollak) ∞ Marie (Stein)

Samuel
(1813–1895)
∞ Rosalie (Unger)
(1817–1879)

Angelus
(1837–1908)
Therese Rosenauer
(1839–1899)
Wilhelmine
(1842–?)
Moritz
(1844–1924)
Henriette Weiß
Friedrich
(1849–1908)
Johanna Wilhartitz
Heinrich
(1853–1917)

Jakob
(1814–1889)
Kati
(1816–?)
Magdalena
(1817/18–?)
Salamon
(1819–?)
Franzl
(1821–?)
Karolina
(1823–?)
Jonas
(1826–?)
Leopold
(1829–1902)

∞

Jakob Platowski ∞
Anna (Ratzek)

Leopold
(1814–?)
Franziska
(1816–?)
Maria

Filip
(1846–1914)
∞
Klara
Poláček
(1847–1908)

Otto
(1879–1938)
Robert
(1881–1922)
Erich
(1882–?)
Oskar
(1884–1901)
Zdenek
(1885–1949)
Irena (Beck)
Schweitzer
(1886–?)
Franz
(1893–1953)

Anna
(1848–1936)
∞
? Adler

Heinrich
(1850–1886)
∞
Karoline
Fleischner
(1856–1929)

Viktor
(1880–1915)
Emil
(1881–1963)
Rudolf
(1883–1942)

Herrmann
(1852–1931)

Julie
(1854–1921)
∞
Siegmund
Ehrmann
(1854–1939)

Martha Weißkopf
Olga Kaufmann
(1886–1942)
Fanni Klein
(1888–1943)
Rudolf
Ida Bergmann
(1893–?)
Heinrich
(1895–1975)
Emil
(1898–1899)

Ludwig
(1857–1911)
∞
Laura
Weingarten

Hedwig Löw
Irma
(1889–1919)

∞

Franz
(1883–1924)

Georg
(1885–1886)

Heinrich
(1887–1888)

Gabriele
(1889–1942)
∞
Karl Hermann
(1883–1939)

Felix
(1911–1940)
Gerti
(1912–1972)
Hanne
(1920–1941)

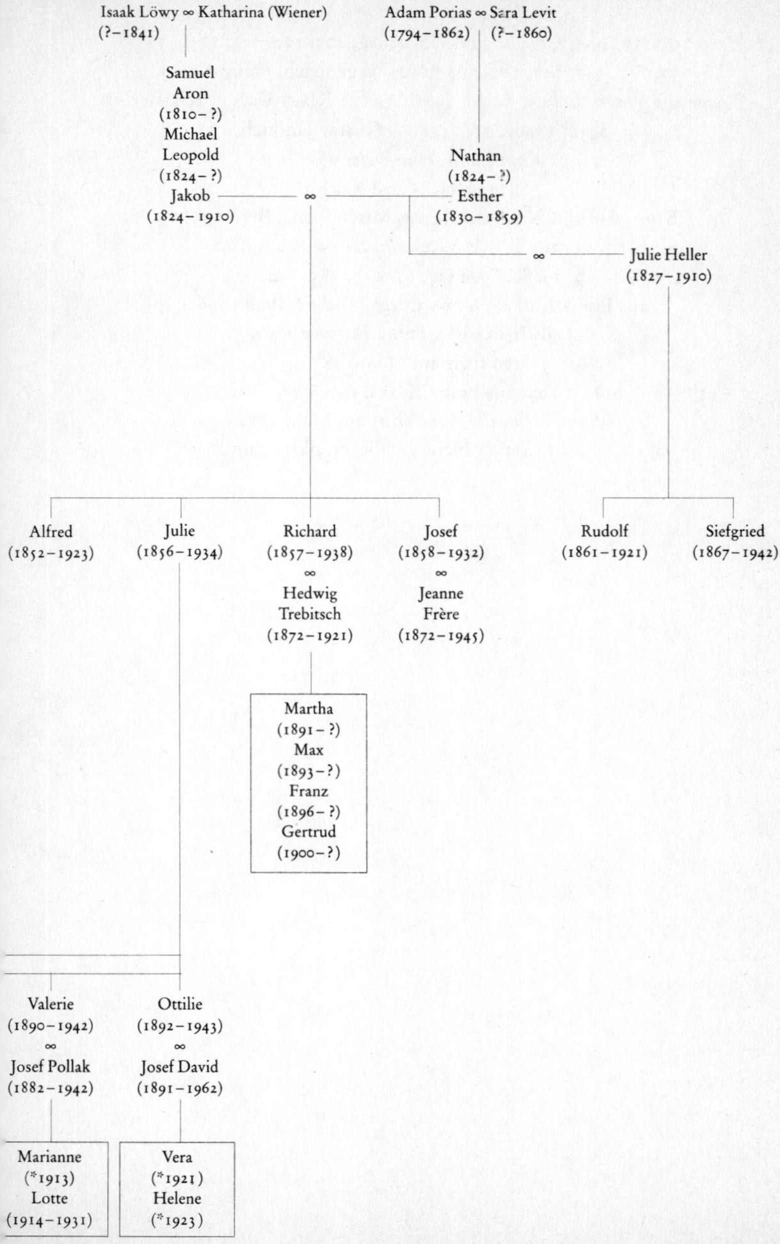

Isaak Löwy ∞ Katharina (Wiener)
(?–1841)
Adam Porias ∞ Sara Levit
(1794–1862)
(?–1860)
Samuel
Aron
(1810–?)
Michael
Leopold
(1824–?)
Jakob
(1824–1910)
∞
Nathan
(1824–?)
Esther
(1830–1859)
∞
Julie Heller
(1827–1910)
Alfred
(1852–1923)
Julie
(1856–1934)
Richard
(1857–1938)
∞
Hedwig
Trebitsch
(1872–1921)
Josef
(1858–1932)
∞
Jeanne
Frère
(1872–1945)
Rudolf
(1861–1921)
Siefgried
(1867–1942)
Martha
(1891–?)
Max
(1893–?)
Franz
(1896–?)
Gertrud
(1900–?)
Valerie
(1890–1942)
∞
Josef Pollak
(1882–1942)
Ottilie
(1892–1943)
∞
Josef David
(1891–1962)
Marianne
(*1913)
Lotte
(1914–1931)
Vera
(*1921)
Helene
(*1923)

Bildnachweis

S. 19, 44, 47, 55, 90 und Umschlag, 109, 122, 124, 125, 137, 141, 147, 148, 181: aus Klaus Wagenbach, *Franz Kafka. Bilder aus seinem Leben*, Berlin 1983 (Archiv Klaus Wagenbach, Berlin)

S. 34, 38, 67, 71, 145: aus Gustav Janouch, *Franz Kafka und seine Welt*, Wien 1965

S. 35: Hans-Gerd Koch

S. 61: Anthon Northey, Kafkas Mischpoche, Berlin 1988

S. 63, 65: aus Tomáš Vlček, *Praha* 1900, Prag 1986

S. 79, 88, 89, 143, 167, 183, 185, 190: aus Franz Kafka, *Dopisy Ottle a rodině*, Prag 1996

S. 95: aus Jiří Gruša, *Franz Kafka aus Prag*, Frankfurt am Main 1983

S. 148, 199: aus Franz Kafka, *Briefe an Ottla und die Familie*, Frankfurt am Main 1974

S. 179: Archiv Verlag Neue Kritik, Frankfurt am Main

Gottfried Bermann Fischer

Wanderer durch ein Jahrhundert

Band 12176

Leben und Schicksal des Verlegers Gottfried Bermann Fischer sind in jeder Hinsicht exemplarisch; sein Blick zurück umspannt fast hundert Jahre deutscher Geschichte. Abgeklärt und leidenschaftlich zugleich erzählt er in Geschichten, Anekdoten und Reflexionen von der geborgenen Kindheit in einer bürgerlichen, jüdischen Familie, von den Schrecken in den Schützengräben des Ersten Weltkriegs, von nationalistischen und antisemitischen Exzessen in der Zeit der Weimarer Republik, als er, der Schwiegersohn S. Fischers, in den berühmten Verlag eintrat, von Exil, Flucht und wiederholtem Neubeginn, vom Festhalten an den moralischen und literarischen Idealen einer zäh verteidigten Humanität.
Ein abenteuerliches, reiches Leben mit Büchern und Autoren wird noch einmal beschworen.

Hans Werner Henze

Reiselieder mit böhmischen Quinten

Autobiographische Mitteilungen 1926-1995

Band 15095

Ein überragender Komponist, vertraut mit allen Künsten, hat zu seinem 70. Geburtstag am 1. Juli 1996 sich selbst und seinem Publikum in der Welt dieses Buch zum Geschenk gemacht, eine große deutsche Autobiographie.

Geboren in Gütersloh, Westfalen, entflieht Hans Werner Henze der Enge des Elternhauses und wendet sich der Musik zu. Verstört durch Faschismus, Gewalt und Krieg nimmt er ein Kompositionsstudium auf. Das Schöpferische setzt sich frei, Partitur reiht sich an Partitur. Henze unterwirft sich nicht dem Zwölftondogma, folgt seinem eigenem Schönheitsbegriff. Grenzgänger im Politischen wie im Erotischen, träumt er von einem humanen Sozialismus und sieht seine Utopie an der Wirklichkeit scheitern. Heimat findet er in Italien, dort die ergreifend geschilderte Gemeinschaft mit Ingeborg Bachmann.

»›Reiselieder‹ sind diese ›autobiographischen Mitteilungen‹ allemal, denn Henze ist viel unterwegs, in allen Erdteilen, oft in Sachen seiner Musik, immer wieder aber auch als Tourist(...).«

Frankfurter Rundschau

Fischer Taschenbuch Verlag

fi 15095 / 1

Peter Stephan Jungk

Franz Werfel

Eine Lebensgeschichte

Band 10181

Lange Zeit unbekannt gebliebene Dokumente aus dem Besitz von Werfels Stieftochter Anna Mahler sowie in den Universitäten von Los Angeles und Philadelphia archivierte Notizhefte, Tagebücher, Skizzen, Urkunden und Briefe hat Peter Stephan Jungk unter Beachtung der publizierten Primär- und Sekundärliteratur Stück für Stück zusammen getragen. Auf diese Weise verdeutlicht er, wie stark äußere Ereignisse persönlicher, familiärer, kultureller und politischer Art Werfels poetisches wie betrachtendes Werk bestimmt haben. Um zwei Beispiele herauszugreifen: im privaten Bereich war es die dynamische Alma Mahler – im Politischen waren es neben den beiden Weltkriegen das Aufkommen des Totalitarismus, des Faschismus in Italien und des Nationalsozialismus in Deutschland und Österreich und die Vertreibung der Juden. Die Erzählung dieser Lebensgeschichte hat Peter Stephan Jungk mit Berichten über Orte und Häuser seines Weges aus eigener Anschauung sehr lebendig durchsetzt.

Fischer Taschenbuch Verlag

fi 1030 / 7

Arthur Rubinstein

Erinnerungen

Die frühen Jahre

Aus dem Englischen von Günther Danehl

Band 13948

Arthur Rubinstein, 1887–1982, hat vor allem als Chopin-Interpret Musikgeschichte gemacht. Der führende New Yorker Musikkritiker Schonberg sagte über ihn: »Das Spiel keines anderen zeitgenössischen Pianisten strahlt soviel Kultur, soviel Fülle, klare gesunde Männlichkeit und soviel Kraft aus, wie das von Rubinstein.« Im ersten Band seiner Erinnerungen beschreibt Rubinstein die Zeit bis 1917, seinen ersten öffentlichen Auftritt als Siebenjähriger und seine Schwierigkeiten als Wunderkind, seine erste Tournee in die USA und seine Auftritte in Europa. Glänzend erzählt und gespickt voll mit Anekdoten über die musikalische Welt, die Aristokratie, die Boheme, Musiker und Musikliebhaber sind seine Erinnerungen ein Spiegel des gesellschaftlichen Lebens in Europa vor dem Ersten Weltkrieg.

Fischer Taschenbuch Verlag

fi 1601 / 5